Bestnoten mit System

Lernen lernen leicht gemacht: Mit effizienten Lernstrategien und genialem Zeitmanagement ganz entspannt zu guten Noten und Erfolg in der Schule

Petra Lange

INHALT

Teil 1

Vorwort

Das Lernen kann manchmal ganz schön anstrengend wie auch mühselig sein und doch ist es unabdinglich, um sich neues Wissen anzueignen. Aber wie lernt man richtig und vor allem effektiv? Was ist Lernen überhaupt und wie geht es vonstatten?

Vielleicht hast auch du dir diese Fragen schon das eine oder andere Mal gestellt, aber keine ausreichende Antwort gefunden. In diesem Fall ist es überaus gut, dass dieser Ratgeber den Weg in deine Hände gefunden hat. Ich möchte dir zahlreiche Informationen und Tipps mit auf den Weg geben, wie du dein Wissen erweitern und optimal lernen kannst. Du solltest das

Buch aus eben genau diesem Grund lesen. Du solltest daran interessiert sein, das Bestmögliche aus dir herauszuholen und so anderen zeigen zu können, wer du bist und was alles in dir steckt.

Ich werde dir verschiedene Lerntechniken und Strategien aufzeigen, aus welchen du die für dich beste wählen und anwenden kannst. Zudem wirst du herausfinden können, welcher Lerntyp du überhaupt bist, denn jeder Mensch lernt unterschiedlich. Manche müssen alles lesen und somit visualisieren können, andere wiederum lernen am besten, wenn sie die Informationen durch Hören aufnehmen.

Um bestmöglich von den enthaltenen Informationen zu profitieren, solltest du das Buch nicht in einem Rutsch lesen. Nimm dir Zeit und schau dir Kapitel für Kapitel an. Empfehlenswert ist es außerdem, die Dinge auch mehrmals zu lesen, denn man liest zwar alles, aber gespeichert werden nur die für den ersten Moment wichtigen Informationen.

Mache es dir mit dem Buch gemütlich und lies in einer ruhigen Umgebung. Zwischen Tür und Angel kann man selten effektiv lesen und lernen.

Wenn du das Buch liest, so kannst und solltest du dir Notizen machen und gegebenenfalls auch Dinge hinterfragen. Vielleicht wird dir das eine oder andere

Detail auffallen, von dem du nicht überzeugt bist, und das ist auch gut so.

Gefällt dir, was du bisher gelesen hast, und gibt es dir das Gefühl, dass der Ratgeber dir helfen kann, dein Lernen zu optimieren? Worauf wartest du noch? Mach es dir gemütlich und schau dir an, was die nächsten Seiten für dich parat halten.

Kapitel 1: Das menschliche Gehirn und seine Funktionsweise

Jeder weiß, dass der Mensch ein Gehirn hat. Es wird auch als unser Denkapparat bezeichnet. Aber was genau kann dieser Denkapparat wirklich und wie ist er aufgebaut? Wie funktioniert das Gehirn überhaupt? Dies möchte ich dir gleich zu Beginn des Ratgebers erläutern, denn das Gehirn ist das Wichtigste, um überhaupt lernen zu können. In ihm werden alle wichtigen, manchmal auch unwichtigen Informationen gespeichert. Beginnen wir mit einer kurzen Definition:

Definition: (lateinisch: Cerebrum, altgriechisch: enképhalos). Der Mensch ist ein Wirbeltier und besitzt ein zentrales Nervensystem. Dieses besteht aus zwei Teilen, dem Rückenmark und einem Teil, welcher im Kopf liegt und den wir als Gehirn bezeichnen. Dieses besteht größtenteils aus Nervengewebe und ist von Hirnhäuten umhüllt. Es liegt geschützt in unserer Schädelhöhle.

1.1 DER LERNPROZESS IM GEHIRN

Als Schüler und Student ist man jeden Tag damit beschäftigt, etwas zu lernen. Was wäre es doch schön und erleichternd, wenn man endlich erwachsen wäre und arbeiten könnte, dann müsste man nicht täglich über Schulbüchern hängen und lernen.

Ich bin mir ziemlich sicher, dass auch du bereits diesen Gedanken hattest. Leider muss ich dich aber an dieser Stelle enttäuschen. Ein Mensch lernt das ganze Leben lang. Und auch wenn du es in diesem Moment vielleicht noch nicht so sehen wirst, so lernen auch deine Eltern immer noch dazu, denn es gibt so vieles, was sich verändert und was neu in unser Leben hinzukommt.

Ein Beispiel, damit du dies vielleicht verstehen kannst: Jan Koum und Brian Acton gründeten das Unternehmen WhatsApp Inc. im Jahr 2009. Für junge Menschen wie dich ist die Anwendung dieser App sicher ein Kinderspiel, denn du bist sicher mit technischen Dingen wie Handy, Laptop oder Gaminggeräten aufgewachsen. Für deine Eltern jedoch könnte diese App völliges Neuland sein. Meine Mutter sagte beispielsweise: „Früher hat man bei seinem Freund an der Tür geklingelt, um sich mit ihm zu verabreden. Heute schickt man sich Nachrichten über ein Handy." Verstehst du, was ich damit sagen möchte? Wenn meine Mutter oder gar deine Eltern diese App nun auch nutzen möchten, so müssen sie sich erst einmal damit beschäftigen und lernen, wie man damit umgeht.

Aber wie genau funktioniert das Lernen überhaupt? Was geht in unserem Gehirn dabei vor? Ich möchte es dir erklären.

Das Lernen ist ein Prozess, der in unserem Gehirn abläuft und auf unsere Sinne angewiesen ist. Durch unsere Sinne nehmen wir Informationen aus unserer

Umwelt auf, welche dann zu unserem Gehirn weitergeleitet werden.

Im folgenden Text möchte ich dir nun etwas genauer beschreiben, was bei eben diesem Prozess geschieht.

Der Lernprozess

Durch die äußeren Reize, welche wir mit unseren Sinnen aufnehmen, werden die Synapsen aktiviert. Diese sind wichtig, damit Informationen von einer Nervenzelle zur nächsten weitergeleitet werden können. Informationen können in unserem Gehirn besonders tief verankert werden, wenn möglichst viele Synapsen und Nervenzellen aktiv sind.

Dies macht es möglich, dass unser Gehirn bis zu 90 Prozent der wahrgenommenen Dinge von Anfang an speichert, und das sogar, wenn wir gleichzeitig sehen, hören oder etwas erleben.

Kurzum gesagt könnte man sich Folgendes merken: Wer Dinge hört, wird sie vergessen. Wer diese jedoch sieht und hört, wird dazu in der Lage sein, sich daran zu erinnern. Aber erst wenn man es tatsächlich auch umsetzt, also danach handelt, wird man es tatsächlich begreifen.

Hast du schon einmal etwas von der Kraft der Vorstellung gehört?

Beim Lernen wiederholt man vieles. Im Gehirn passiert dabei Folgendes: Die Synapsen werden immer wieder und vor allem regelmäßig aktiviert. Dies wiederum verstärkt die Kontakte zwischen den Nervenzellen. Wenn du also etwas nicht nur einmal auswendig lernst, sondern dies hin und wieder wiederholst, so fördert dies die langfristige Speicherung in deinem Gedächtnis.

Wer wirkliches Interesse am Thema hat und sein Lernen zusätzlich mit Bildern oder Geschichten in Verbindung bringt, dem wird es noch einfacher fallen, die Dinge im Gedächtnis zu behalten. Der Grund dafür ist, dass sich unser Gehirn die Inhalte, auf welche wir uns konzentrieren und welche wir uns vorstellen können, tatsächlich besser merken kann.

Was ist eigentlich das Gedächtnis?

Im Grunde genommen ist das Gedächtnis ein System unserer Psyche, welches folgende Aufgaben hat:

- Informationen aufnehmen
- Informationen behalten, merken
- Informationen reproduzieren (wieder abrufen)

Das Gedächtnis ist kein „Ort" im Gehirn. Vielmehr sind eine ganze Reihe psychischer Prozesse und viele unterschiedliche Hirnregionen (sowohl in der Großhirnrinde als auch in subkortikalen Gehirnregionen) am Gedächtnis beteiligt.

Um unser Gedächtnis abrufen zu können, müssen wir also zunächst einmal dafür sorgen, dass Informationen dorthin gelangen und gespeichert werden. Kurzum gesagt: Wir müssen lernen, um uns erinnern zu können.

Um Lernen zu können, müssen wir, wie bereits erwähnt, Erfahrungen sammeln, sprich Dinge mit unseren Sinnen wahrnehmen. Wenn diese Informationen nachhaltig und langfristig gespeichert wurden und zur Veränderung in unserem Gehirn beiträgt, haben wir tatsächlich gelernt.

Manche denken, dass unser Gedächtnis einen bestimmten Platz in unserem Gehirn einnimmt. Dabei ist es eher eine Kette psychischer Prozesse, an denen viele Regionen des Gehirns beteiligt sind.

In welcher Region unseres Gehirns passiert das Lernen?

Bis heute ist nicht vollständig erforscht, was genau beim Lernen in unserem Gehirn passiert. Aber immerhin kann man bereits ein paar Teilbereiche des Lernens und unseres Gedächtnisses erläutern. Die Inhalte bzw. Informationen, an welche wir uns gut erinnern können, sind in unserem Großhirn gespeichert. In diesem gibt es bestimmte Rindenfelder, welche mit vielen Gedächtnisinhalten in Verbindung stehen.

Die Bedeutung von verschiedenen Begriffen ist jedoch an einem anderen Platz gespeichert, ebenso derer akustische Erkennung (hier ist es das Hörfeld) oder das Schriftbild (gemeint ist das Sehfeld).

Damit unser Gedächtnis die verschiedenen Informationen dauerhaft speichern kann, müssen diese erst einmal in unser Großhirn gelangen. Eine wichtige Rolle spielt hierbei das sogenannte limbische System. Dieses ist für die Verarbeitung von Emotionen wichtig und entscheidet, ob die aufgenommenen Informationen wirklich dauerhaft gespeichert werden. Ebenso ist hier ein Filter, man nennt ihn Hippocampus, tätig. Nichts wird ins Großhirn gelangen, ehe es diesen erreicht hat.

Ebenso interessant ist, dass Informationen, welche

man in Verbindung mit Gefühlen (Bildern) aufgenommen hat, einfacher in unser Langzeitgedächtnis gelangen.

Wenn du deinen Hippocampus also stets bei Laune halten möchtest, um gut lernen zu können, solltest du Abwechslung und Spaß beim Lernen nie außer Acht lassen.

Witzig: Während unser Körper schläft, geht es in unserem Kopf heiß her, denn Großhirnrinde und Hippocampus kommunizieren angeregt miteinander. Merke also: Wenn du etwas dauerhaft in deinem Gedächtnis verankern möchtest, solltest du für ausreichend Schlaf sorgen, denn während du schläfst, verarbeitet dein Gedächtnis viele Informationen.

Die zwei Gehirnhälften
Die linke Hälfte unseres Gehirns setzen wir hauptsächlich für akademische und männliche Tätigkeiten ein. Die rechte hingegen für gefühlsbetonte und weibliche Vorgänge. Heute weiß man bereits, dass Frauen eine ausgeprägtere Kommunikation zwischen linker und rechter Gehirnhälfte betreiben. Bei vielen Menschen ist es so, dass sie die beiden Hälften für verschiedene Individualitäten nutzen.

Damit du weißt, wofür die beiden Hälften zuständig sind, möchte ich dir einen kleinen Überblick geben.

Linke Gehirnhälfte	Rechte Gehirnhälfte
• Konzentration auf einen Punkt	• Synthese-Überblick
• Analyse-Detail	• Kunst-Tanz-Musik
• Wissenschaft	• Ganzheitlich
• Sprache	• Körpersprache-Bildsprache
• Lesen	• Intuition-Gefühl
• Schritt für Schritt	• Neugier-Spielen-Risiko
• Einzelheiten	• Raumempfinden
• Rechnen	• Sprunghaftigkeit
• Zeitempfinden	• Kreativität-Spontanität
• Regeln	• Zusammenhänge
• Ratio-Logik	

1.2 DAS MINDSET EINES „SPITZENSCHÜLERS"

Sicher kennst auch du den ein oder anderen Spitzenschüler und fragst dich, wieso es diesem möglich ist, stets gute Noten zu bekommen. Lernt er viel? Fällt ihm alles zu? Hat er oder sie vielleicht ein Lehrbuch zum Frühstück gegessen?

Forscher sagen, dass weder das eine noch das andere der Fall ist. Die sogenannten Spitzenschüler haben drei Geheimwaffen in sich, welche dazu führen, dass sie schnell und viel lernen. Diese möchte ich dir kurz erläutern.

Geheimwaffe 1: Neugier
Wer neugierig ist, ist ein guter Schüler. Für neugierige Menschen sind sehr viele Dinge interessant und sie wollen möglichst viel darüber erfahren. Manche Themen sind für sie so interessant, dass sie nahezu alles darüber lesen und wissen möchten. Man könnte letztlich sogar sagen, dass sie für dieses Interessengebiet regelrechte Experten sind.

Welche Themen hier das Interesse betreffen, ist dabei gar nicht wichtig, sondern eher die Tatsache, dass man sich darüber schlau macht und an ständigen Informationen interessiert ist. Ganz nebenbei wachsen der Wortschatz und das Wissen darüber. Menschen, die neugierig sind, fällt somit das Lernen leichter. Bei Kindern spielt es nicht mal eine Rolle, in welchem Unterrichtsfach.

Geheimwaffe 2: Nachfragen

Wer sich für vieles interessiert und stets darauf bedacht ist, sich neues Wissen anzueignen, der fragt viel nach. Wie die Frage bei anderen ankommt, spielt in diesem Moment gar keine Rolle. Vielleicht kennst du es ja selbst, du willst etwas fragen, machst es letztlich aber nicht, da du denkst, die Frage könnte lächerlich klingen. Es wird einfach so lange gefragt, bis es eine zufriedenstellende Antwort gab. Bei anderen kann dies manchmal dazu führen, dass deren Nerven stark strapaziert werden. Für den Fragenden hat dies jedoch eine positive Auswirkung: Er bleibt motiviert und das Wissen vertieft sich.

Geheimwaffe 3: Lernmethode

Die Methode, wie man lernt, ist wichtig. Guten Schülern fällt es leicht, die optimale Methode für sich herauszufinden. Welche Lernmethoden es gibt, wirst du im weiteren Verlauf des Textes erfahren.

Um herauszufinden, welche Methode für dich am besten geeignet ist, musst du einige ausprobieren und dabei genau im Auge behalten, mit welcher du am effektivsten gelernt hast.

Hier findest du zehn Methoden, welche du ausprobieren kannst, um dir neues Wissen anzueignen:

- Lesen
- Lesen und Unterstreichen
- Eselsbrücken bilden
- Notizen machen, Schreibdenken
- Sprechen
- Mindmap erstellen
- Übungen machen
- Karteikarten schreiben und lernen
- Diskutieren
- Selbst unterrichten

Probiere diese aus, am besten mehrmals. So kannst du sehen, was für dich die effektivste Methode ist. Vielleicht weißt du dies aber bereits.

Was muss ein Spitzenschüler eigentlich alles wissen, um als solcher bezeichnet zu werden? Sicher macht ihn nicht nur die Lernmethode oder seine schnelle Auffassungsgabe und Neugier aus.

Vor allem sollte das Lernen Spaß machen! Gar nicht so einfach, wirst du jetzt vielleicht sagen. Dies liegt daran, dass drei Glaubensgrundsätze kursieren, welche den Erfolg des Lernens negativ beeinträchtigen, da diese falsch sind und demotivieren.

1) Das Lernen muss leidig sein. Dies bedeutet, dass man nur etwas lernt, wenn es einem unangenehm ist oder hohen Arbeitsaufwand erfordert.

2) Der Lernstoff muss auswendig gelernt werden. Lehrer wollen, dass man deren Tafelbilder verinnerlicht. Dass man den Inhalt versteht, sei nicht so wichtig.

3) Die neuesten Lernmethoden sind die besseren. Lern-Apps vermitteln viel mehr wissen. Dabei wird allerdings vergessen, dass man nur lernt, wenn man etwas wiederholt, selbst ausprobiert und vor allem verinnerlicht. Nur durch die Aufnahme von Informationen hat man noch lange nicht gelernt!

Wie man lernt und welche Methode für einen am besten geeignet ist, hängt auch mit der eigenen Persönlichkeit zusammen. Es gibt vier verschiedene Persönlichkeitstypen: die Analysten, die Forscher, die Wachen und die Diplomaten. Aber ein Analyst ist jedoch nicht immer gleich. Hier gibt es ebenfalls vier

Unterscheidungen. So ist es auch bei den Forschern, Wachen und Diplomaten.

Die Analysten
• **Der Architekt** ist reich an Fantasie und hat für alles einen Plan. Zudem ist er ein Denker, für den Strategien eine bedeutende Rolle spielen.

• **Der Logiker** ist innovativ und strebt stets nach Wissen. Zudem ist er ein glorreicher Erfinder.

• **Der Kommandeur** ist kühn, hat einen starken Willen und findet immer einen Weg, die Dinge anzugehen. Wenn er keinen findet, schafft er sich selbst einen Weg.

• **Der Debattierer** denkt sehr klug und ist äußerst neugierig. Außerdem kann er keiner intellektuellen Herausforderung widerstehen.

Die Forscher
• **Der Virtuose** ist kühn und praktisch veranlagt. Er beherrscht alle Arten von Werkzeugen und Instrumenten. Zudem liebt er Experimente.

- **Der Abenteurer** gilt als flexibel und Künstler mit Charme. Er ist immer bereit, Neues zu erleben und zu erforschen.

- **Der Unternehmer** ist klug und scharfsinnig. Zudem besitzt er ein hohes Maß an Energie.

- **Der Entertainer** ist eher spontan und enthusiastisch. Außerdem ist er sehr energiegeladen und das Leben wird niemals langweilig.

Die Diplomaten
- **Der Advokat** ist ein ruhiger und mystischer Idealist. Zudem kann er inspirierend wirken und ist unermüdlich.

- **Der Mediator** ist ein freundlicher und selbstloser Poet. Für gute Zwecke wird er sich immer hilfsbereit zeigen.

- **Der Protagonist** ist charismatisch und inspirierend. Zuhörer zu fesseln, ist seine Spezialität.

- **Der Aktivist** ist kreativ, enthusiastisch und ein freier, geselliger Geist. Mag die Zeit auch noch so schlecht sein, er findet immer einen Grund zu lächeln.

Die Wachen

• **Der Logistiker** hat eine praktische Veranlagung und ist sehr faktenorientiert. Zudem gilt er als sehr zuverlässig.

• **Der Verteidiger** ist sehr hingebungsvoll und herzlich. Zudem ist er auch ein Beschützer, der immer bereit ist.

• **Der Exekutive** ist ein exzellenter Verwalter. Organisation ist eines seiner größten Talente.

• **Der Konsul** ist sehr fürsorglich, sozial und beliebt. Zu helfen steht bei ihm an erster Stelle.

1.3 DAS UMFELD EINES „SPITZENSCHÜLERS"

Ein Spitzenschüler zu sein, ist natürlich davon abhängig, wie man lernt und wie viel Arbeit man selbst in seinen schulischen Erfolg steckt. Aber auch das persönliche Umfeld und ein strukturierter Zeitplan sowie Abwechslung spielen eine überaus wichtige Rolle.

Natürlich kann man den Erfolg nicht planen, aber man kann sehr vieles dafür machen. Daher solltest du dir zuallererst einen Tages- oder Wochenplan erarbeiten.

Wenn du es für notwendig hältst, solltest du darüber auch mit deiner Familie sprechen. So sicherst du dir deren Unterstützung auf jeden Fall.

Setze dir Ziele, die du einhalten kannst und die realistisch sind. Überlege dir, mit welchen Strategien du diese auch erreichen wirst.

Damit das Lernen spaßig bleibt und nicht irgendwann zur Last wird, ist es von Bedeutung, dass du dir auch Freizeit und Abwechslung gönnst. So hast du auch die Möglichkeit, das Erlernte erst einmal sacken zu lassen und es später erneut abzurufen, da es gespeichert wird.

Freunde braucht jeder, doch achte darauf, dass sie

dir auch guttun. Jemand, der nur darauf aus ist, Partys zu besuchen, wird dich wahrscheinlich nur ablenken und dich daran hindern, deine Ziele zu verfolgen. Hilfreich ist es, sich Freunde zu suchen, die ähnliche oder gar gleiche Interessen haben. So könnt ihr Lerngruppen bilden und euch gegenseitig unterstützen.

Es ist nicht jeder Tag wie der andere. Du wirst merken, dass es dir manchmal vielleicht etwas schwerer fallen wird, effektiv zu lernen. Hier solltest du und auch dein Umfeld darauf achten, dass du oder andere dir keinen Druck machen. Druck ist schädlich und kann schnell dazu führen, dass du die Freude und das Interesse am Lernen verlierst.

Ein gutes Zeitmanagement ist neben dem Wochenplan eine ebenso hilfreiche Stütze für deinen Lernalltag. Notiere dir sorgfältig, wann die nächsten Klausuren anstehen oder wann du beispielsweise gewisse Aufgaben abgeben musst. So behältst du stets einen Überblick und kannst dir die Zeit, welche du zum Lernen oder Bearbeiten benötigst, gut einteilen.

Kapitel 2: Das Lernen – wieso, weshalb, warum?

2.1 VIEL LERNEN VS. EFFIZIENTES LERNEN

Ja, manchmal lässt das Lernen einen echt verzweifeln, besonders wenn man seine Mitschüler sieht, denen alles zuzufliegen scheint. Doch bringt es einen wirklich voran, wenn man stundenlang den Stoff, welcher zur Klausur abgefragt werden soll, büffelt?

Wer viel lernt, der weiß viel. Eine Aussage, die du sicher kennst, aber sie stimmt nicht zu hundert Prozent.

Nicht wer viel lernt, sondern wer effizient lernt,

kann das neu erlangte Wissen auch zu einem späteren Zeitraum noch abrufen und umsetzen.

Aber wie funktioniert effizientes Lernen? Lange Nächte, die von Energy-Drinks und Schokolade geprägt sind, helfen hier gar nicht, auch wenn diese immer wieder angepriesen werden.

Wer wirklich so lernen möchte, dass die neuen Informationen dauerhaft im Gedächtnis gespeichert werden, der muss sich auf einen langwierigen Prozess des Übens einstellen.

Wichtig ist, dass du dir gut überlegst, wie du lernen möchtest. Welche Methoden und Strategien es gibt, wirst du im zweiten Teil des Buches erfahren. Du brauchst also einen guten Plan und ausformulierte Ziele. Es hilft nicht, zu sagen: „Ich will Mathematik lernen." Effizienter und motivierender ist eher: „Ich möchte jeden Donnerstagabend Mathematik lernen." So hast du eine festgesetzte Zeit, an die du dich auch halten solltest.

Der Alltag bringt viele Ablenkungen mit sich. Daher ist es wichtig, dass man sich das, was man lernen will, irgendwo notiert, sodass man es immer wiederholen kann.

Auch das Schlafen ist überaus wichtig, wenn man effizient lernen möchte. Es ist zwar gerade für Schüler und Studenten kaum umsetzbar, aber eine kalifornische Studie belegt, dass ein Mittagsschlaf von 20 Minuten das Denkvermögen steigert. Grund dafür ist, dass während des Schlafens das Kurzzeitgedächtnis von irrelevanten Informationen befreit wird und somit Platz geschaffen wird.

Für Studenten ist ein gut vorausgeplanter Lernplan das A und O, denn während des Studiums kommen sehr viele Aufgaben auf einen zu. Es empfiehlt sich auch, dass man sich notiert, was gelesen werden soll und wie viel.

Wie viel Zeit sollte man zum Lernen investieren?

Manche glauben, dass man so viel Zeit wie möglich in seine Bildung investieren muss, um tatsächlich als Spitzenschüler gesehen zu werden, doch auch das ist falsch! Es bringt gar nichts, wenn man mehr als sechs Stunden lernt.

Wenn man wirklich konzentriert arbeiten und lernen möchte, sollte man wissen, dass dies tatsächlich nur sechs Stunden am Tag funktioniert. Auch hier sind Pausen sehr wichtig. Diese sollte man mit Bewegung und gesunder Ernährung sowie Abwechslung füllen.

Wir haben einen sogenannten Biorhythmus, welcher dafür verantwortlich ist, dass wir nur sechs

Stunden konzentriert lernen können.

Ca. 90 Minuten lang dauern unsere Schlafphasen an. So ist es auch mit der Konzentrationsspanne. Wirf einmal einen Blick auf deinen Schulalltag. Eine Doppelstunde dauert 90 Minuten. Bist du danach erschöpft oder sagst du von dir aus, dass du eine Pause benötigst?

Etwas, das unsere Motivation zu lernen steigert, sind kleine Belohnungen. Wie diese ausfallen, kannst du selbst entscheiden, denn du weißt am besten, was dich erfreuen würde. Setze dir beispielsweise ein Ziel. Wenn ich bis 17:00 Uhr lerne, kann ich um 17:15 Uhr eine halbe Stunde zocken. Dies ist hilfreich, um die sogenannte Lernflucht zu vermeiden.

2.2 TYPISCHE FEHLER BEIM LERNEN

Der Mensch ist nicht fehlerfrei und das ist gut so, denn wer Fehler macht, der lernt auch. Daher lass dich nicht von dem Wort „Fehler" abschrecken. Diese gehören nun einmal dazu und sind manchmal unvermeidbar.

Welche Fehler du beim Lernen machen kannst, wird dir der folgende Text aufzeigen.

1) Ein Lernplan ist nicht vorhanden

Deutsch, Mathe, Englisch, Biologie – in jedem Unterrichtsfach gibt es so viele Themen und Aufgaben, die es zu erschließen gilt. Noch schwieriger wird es dann in der Ausbildung und im Studium. Daher solltest du dir einen genauen Plan von den Themen machen, die gelernt werden müssen.

Um diesen Weg dann während der Ausbildung oder des Studiums wunderbar umsetzen zu können, solltest du also schon in der Oberstufe/Gymnasium damit beginnen, dir einen Lernplan zu erstellen.

Sich auf die Themen zu stürzen, ohne zu wissen, welches Ziel man eigentlich verfolgen und erreichen will, hat noch niemanden vorangebracht. Der viele Stoff wird dich irgendwann einholen und über dir zusammenbrechen. Dies führt dann schnell zu

Überforderungen und Stress, was man hätte vermeiden können.

2) Du bist sprunghaft und schaust dir immer wieder andere Themen an

Ein bisschen hiervon, ein wenig davon und noch eine Prise von jenem – klingt fast schon wie ein Rezept, bei dem die Mengenangaben völlig außer Acht gelassen wurden.

Das kann nicht gut gehen. So ist es auch, wenn man beim Lernen immer wieder zwischen den Themen wechselt. Am Ende nimmt man zwar von jedem etwas auf, doch wirklich effizient und hilfreich ist es nicht. Im Gegenteil, man verliert den Überblick und im schlimmsten Fall kommt es während der Klausur zu Verwechslungen und man schreibt etwas ganz anderes in seine Lösung.

Daher ist es ratsam, sich tatsächlich nur mit einem Lernthema zu befassen und das nächste erst dann anzugehen, wenn das erste bereits zum Abschluss gekommen ist. Aus diesem Grund solltest du bei deiner Planung auch den Inhalt, welchen du während deiner Lernzeit bearbeiten willst, berücksichtigen.

Merke: Es bedeutet nicht, dass du die Themen an sich nicht verknüpfen darfst. Es soll dir lediglich aufzeigen, dass es effektiver ist, sich erst einmal mit einem und dann mit dem anderen Thema zu befassen. Verknüpfen kann man diese im Nachhinein immer noch.

3) Die falsche Uhrzeit

Wir Menschen sind unterschiedliche Individuen und das ist auch gut so! Was ich damit sagen will, ist, dass jeder Mensch auch andere Methoden und Zeiten hat, an welchen er für sich am besten lernen kann. Manche gelten als „der frühe Vogel", weil sie am besten zur Morgenstunde lernen können, andere wiederum als „Nachteulen", weil sie dann entspannt genug sind, um sich dem zu lernenden Stoff zu widmen.

Finde also heraus, zu welcher Zeit du am besten lernen kannst. Wenn du beispielsweise eher ein früher Vogel bist, solltest du dies auch nutzen und dich nicht am Abend quälen. Es ist daher wichtig, dass du dich und deine Lernerfolge regelmäßig reflektierst.

4) Was andere sagen ...

Wer kennt es nicht? Kurz bevor die Klausur beginnt, bilden sich kleine Gruppen und die Themen werden heiß diskutiert. Man möchte es nicht, aber es kommt doch immer wieder vor, dass man aus diesen Gesprächen verunsichert hervorgeht und am Ende das Falsche aufschreibt.

Daher solltest du vor der Klausur eher entspannen

und abschalten, als an solchen Diskussionen teilzunehmen oder ihnen zuzuhören. Vertraue auf deine Stärken.

Merke: Es gibt immer einen anderen, der zu gewissen Themen besser vorbereitet ist als du. Dies braucht dich jedoch nicht zu interessieren, denn wenn du gelernt hast, wirst auch du eine gute Leistung erzielen können.

5) Eigene Notizen sind Mangelware

Plötzlich fehlt die Zeit, weil man keinen guten Lernplan für sich erstellt hat. Man fängt an, die Texte zu überfliegen, sich hier und da etwas zu markieren und versucht, den Stoff in seinen Kopf zu prügeln. Kann man machen, muss man aber nicht, denn man hat dann nicht wirklich gelernt.

Wieder muss ich dir sagen, dass die Planung das A und O ist. Wer gut plant, hat auch genügend Zeit, sich Dinge zu notieren.

Wie bereits im vorangegangenen Kapitel erwähnt, ist es wichtig, die Dinge mit möglichst vielen Sinnen zu lernen, nur so können sie optimal verarbeitet und gespeichert werden.

6) Eintöniges Lernverhalten

Wer gut lernen möchte, sollte Abwechslung in seinen

Lernalltag hineinbringen. Pausen, Schlaf, gutes Essen, aber auch Spaß und Unternehmungen gehören dazu.

Viele glauben, dass man nur lernt, wenn man sich mit nichts anderem beschäftigt, aber in diesem Fall tritt leider oft das Gegenteil ein. Man verliert die Lust, es strengt an, man wird müde und es bleibt absolut nichts hängen. Daher solltest du auch Zeiten einplanen, in denen du einfach mal das machst, was dir Spaß bringt und nichts mit dem Lernen zu tun hat.

Zudem solltest du auch verschiedene Techniken ausprobieren. Manche Dinge lassen sich besser begreifen, wenn man sie tatsächlich ausprobiert. Darüber zu lesen, liefert die ersten Informationen, aber um diese wirklich fest im eigenen Gedächtnis zu verankern, solltest du dich tatkräftig heranwagen.

7) Übungen werden zu spät begonnen

Das viele Lernen bringt nichts, wenn du dein neues Wissen erst viel zu spät einsetzen willst. Es kann hier nämlich vorkommen, dass du die Dinge längst wieder vergisst oder nur noch ein Teil davon in deinem Gedächtnis hängen geblieben ist.

Gerade in der Prüfungsvorbereitung kann es hilfreich sein, die Aufgaben vergangener Prüfungen zu lösen. Es spielt dabei keine Rolle, dass du manche Punkte noch nicht richtig beherrschst. Halte dir immer den

Spruch „Übung macht den Meister" vor Augen, denn auch durch das Üben lernst du.

Zudem hast du einen Vorteil, wenn du dich an vergangene Prüfungsaufgaben heranwagst: Du bekommst einen ersten Eindruck und Gespür dafür, wie man an die Prüfungsaufgaben herangeht.

8) Alte Prüfungen sind uninteressant

Wenn du diese außen vor lässt, verpasst du die Chance, ein Gespür für die Aufgaben zu bekommen. Karteikarten, auswendig lernen, die Themen anhören – all das ist eine gute Vorbereitung. Den nötigen Feinschliff erfährst du aber erst dann, wenn du weißt, was auf dich zukommt. Hierfür sind nun mal die alten Prüfungen wichtig und hilfreich.

Also, worauf wartest du? Wage dich heran und schaffe Sicherheit statt Angst!

9) Es braucht keine Pausen

Wenn ich jetzt mit dem Lernen aufhöre, geht das, was ich mir bisher angeschaut habe, verloren. Oder: Ich brauche keine Pause! Wenn ich jetzt aufhöre zu lernen, schaffe ich es nie, mir den vollständigen Stoff einzuprägen.

Wie bereits erwähnt, lernen wir nur ca. sechs Stunden wirklich konzentriert und effektiv. Zwar funktioniert das Lernen auch über diese Zeit hinaus, aber tatsächlich verinnerlicht haben wir die Informationen nicht.

Es hilft auch nicht viel, wenn man sich kurz vor Beginn der Klausur noch einmal hinsetzt und den Stoff runterrasselt. Besser läuft es tatsächlich, wenn man abschaltet und das Wissen dann abruft, wenn es benötigt wird.

10) Die Nacht vor der Prüfung

Diese Überschrift klingt ein wenig nach Krimi – tatsächlich könnte es zu einem werden.

Man ist müde, man braucht Kaffee, man hat Augenringe, man kämpft mit den immer wieder zufallenden Augen. All diese Phänomene kennen Lehrer und Dozenten nur zu gut. Dabei ist es ein äußerst großer Fehler, wenn man die halbe Nacht vor der Prüfung damit verbringt, den Stoff in den Kopf zu kriegen.

Außer Müdigkeit und Erschöpfung bringt genau das nämlich nichts. Die aufgenommenen Informationen können nämlich nicht gespeichert werden.

11) Lerngruppen, weil andere diese auch nutzen

Max und Marie gehen schließlich auch dahin, also kann es mir doch nichts schaden. Fehlanzeige! Wenn du wirklich eine Lerngruppe besuchen willst, dann solltest du dies aus voller Überzeugung und mit Motivation im Gepäck tun. Dinge, die dich nicht interessieren, wirst du nicht richtig lernen, weil dir einfach der Bezug zum Thema fehlt.

Möchtest du wirklich von einer Lerngruppe profitieren, dann suche dir eine, welche auch tatsächlich zu dir passt. Zudem solltest du auch abschätzen, ob es für dich tatsächlich infrage kommt, eine Lerngruppe überhaupt zu besuchen oder ob du nicht doch allein besser lernst.

Fehler können zum Vorteil werden

Ich möchte dir fünf Schritte aufzeigen, welche dir helfen können, damit du aus deinen Fehlern lernen kannst.

1) Erkenne den Fehler an

Schwamm drüber! Es ist nun einmal so passiert und schiefgelaufen. Akzeptiere dies und du wirst sehen, dass es beim nächsten Mal besser läuft.

Wer seine Fehler leugnet, belügt sich selbst und sorgt dafür, dass er wieder in die gleiche Falle tappt.

Wer jedoch zu seinem Fehler steht, der nimmt ihm die Kraft, über einen zu herrschen.

2) Verantwortung tragen

Die Situation oder andere für den Fehler, welchen man

selbst begangen hat, zu verurteilen, führt nur dazu, dass man die Verantwortung abgibt.

Wenn du die Verantwortung abgibst, so gibst du auch ein Stück weit Kontrolle über dich und dein Handeln ab. Sei also mutig und stehe zu deinem Fehler! Nur so kannst du die Kontrolle voll und ganz behalten sowie aus eben jenem Fehler lernen.

3) Erfahrung

Manchmal kommt es vor, dass man scheitert. Das ist für den Moment schlimm, aber man sollte sich immer wieder vor Augen halten, dass es weitergeht. Scheitern bedeutet nicht, dass nun die gute Laufbahn ruiniert ist und man nicht mehr auf den richtigen Weg findet. Im Gegenteil. Wenn man scheitert, sammelt man Erfahrungen und man weiß, wie man es das nächste Mal eben nicht angehen sollte.

Du kannst dir folgendes Zitat gerne zum Motto oder als Mutmachspruch notieren:

„Was mich nicht umbringt, macht mich stärker."

Hast du dich beruhigt und den Fehler anerkannt, so kannst du dich ausführlich mit dem Geschehen auseinandersetzen und reflektieren. Behalte dabei stets die Frage im Hinterkopf, was denn genau geschehen ist und woran es scheiterte.

4) Verhalten ändern

Das nächste Mal mache ich es besser, ist ein guter Ansatz, aber er wird nicht ausreichen. Viel wichtiger ist, dass man auch sein eigenes Verhalten betrachtet und daran arbeitet.

In diesem Fall beginnt es schon mit der Vorbereitung. Wenn du keinen festen Lernplan hattest, solltest du genau da ansetzen und einen erstellen. Hattest du vielleicht schon einen Lernplan, hast dich aber nicht immer an die Zeiten gehalten, so ist es wichtig, eben genau das beim nächsten Versuch unbedingt zu machen.

Wer sein Verhalten nicht ändert, der wird den gleichen Fehler immer wieder machen, egal wie oft er sich vornimmt, es beim nächsten Mal besser zu machen.

5) Volle Kraft voraus! Mit jeder Menge Power geht es ins nächste Projekt

Fehler können ausbremsen! Daher sollten sie beim nächsten Projekt unbedingt vermieden werden. Lasse niemals zu viel Zeit zwischendurch verstreichen. Vielleicht kennst du den Spruch: „Wer vom Pferd fällt, sollte schnell wieder aufsteigen." Das ist die pure Wahrheit. Wenn du zu viel Zeit ins Land ziehen lässt, entwickelt sich Angst und diese kann dich hemmen und daran hindern, das nächste Projekt mit jeder Menge Tatendrang anzugehen.

Den Fehler hast du gemacht, nicht schön, aber so war es nun einmal. Es bringt also rein gar nichts, wenn du dich nun noch wochenlang damit befasst. Sieh nach vorne und mach es besser.

2.3 WIE DAS RICHTIGE LERNEN ABLÄUFT

Bücher über Bücher, zahlreiche Mitschriften aus dem Unterricht, Randnotizen – es ist schon eine ganze Menge, was Schüler sich anschauen sollen, um zu lernen. Aber schon beim Anblick all dieser Dinge kann es vorkommen, dass die Motivation schwindet und man sich einfach nur fragt: Wie soll ich das überhaupt bewerkstelligen können?

Das Positive: Es geht, man muss es nur richtig angehen! Hierzu zählt auch, dass man sich damit auseinandersetzt, wie das Gehirn eigentlich Informationen verarbeitet. Dazu hast du bereits einiges in Kapitel 1 gelesen.

Ich möchte dir nun aufzeigen, was wichtig ist, damit auch du richtig lernen kannst. Du wirst sehen, einiges wiederholt sich, aber Wiederholungen gehören nun einmal dazu, wenn man lernen möchte.

In erster Linie spielt vor allem das eigene Umfeld, in welchem man lernen will oder muss, eine große Rolle. Schaffe dir eine Wohlfühloase, bereite dir einen Tee zu, gönn dir etwas Süßes oder besser noch Gesundes, zünde eine Duftkerze an, welche einen angenehmen Raumduft schafft.

Größere Mengen an Stoff, welchen man sich erarbeiten und lernen muss, sollten gut vorbereitet werden, ebenso der Zeitraum, welcher zum Lernen zur Verfügung steht. Es ist besser, man plant mehr Zeit ein, um im Notfall noch einen anderen Weg zum Lernen einschlagen zu können. Manchmal glaubt man, dass genau diese eine Methode die richtige ist, merkt aber erst später, dass es anders vielleicht besser laufen würde.

Setze dir feste Zeiten, an die du dich auch halten solltest. So vermeidest du, dass du unter Zeitdruck gerätst. Behalte aber auch im Auge, dass du Pausen und Schlaf benötigst. Das Gehirn verarbeitet vieles erst dann, wenn wir schlafen und somit richtig zur Ruhe kommen.

Orientiere dich an deinem eigenen Biorhythmus. Dieser lässt dich genau wissen, wann der beste Zeitpunkt für dich ist, um zu lernen.

Dein Zeitplan könnte beispielsweise so aussehen:

• 9 bis 11 Uhr erste und konzentrierteste Lernphase – alles ist ausgeschlafen, entspannt und bereit für neue Informationen.

- 13 bis 15 Uhr folgt bei den meisten Menschen das sogenannte Mittagstief. Hier solltest du dir Ruhe und ein gutes Essen gönnen, denn das brauchen dein Körper und dein Gehirn.

- 15 bis 18 Uhr die zweite optimale Lernphase – Informationen können nun in deinem Langzeitgedächtnis gespeichert werden, indem du den Stoff vom Morgen wiederholst.

Dieser Zeitplan stellt nur ein grobes Beispiel dar. Bei dir kann er ganz anders aussehen. Zudem solltest du wissen, dass man zwar drei Stunden am Stück durchlernen kann, es aber besser ist, auch zwischendurch kleinere Pausen einzulegen. Beispielsweise tut ein Spaziergang an der frischen Luft oder einfach etwas Bewegung Körper und Gehirn gut.

Probiere die Dinge aus, setze sie in die Tat um und du wirst sehen, dass du die neuen Informationen viel besser in deinem Gedächtnis abspeichern kannst.

Stopfe dein Gehirn nicht mit riesigen Informationspaketen voll. Dies hat nur den negativen Effekt, dass vieles gar nicht richtig hängen bleibt oder verstanden wird. Teile den zu lernenden Stoff ein. Das neu Gelernte wird in deinem Kurzzeitgedächtnis für ungefähr 45 Sekunden gespeichert. Erst wenn du es regelmäßig wiederholst, geht es ins Langzeitgedächtnis über. Von dort aus kannst du die Informationen dann ein Leben lang abrufen.

Teil 2

Kapitel 3: Lerntypen

In Teil eins dieses Buches haben wir uns mit dem menschlichen Gehirn und dem Lernprozess befasst. Damit aber auch du herausfinden kannst, wie du am besten lernst, möchte ich dir im zweiten Teil nun die Lerntypen vorstellen und dir einen Test vorstellen, mit welchem du genau das herausfinden kannst.

3.1 DIE LERNTYPEN

Wir Menschen sind allesamt so unterschiedlich. Einzig der Weg auf diese Welt und unser Körperbau (Kopf, Rumpf, Arme, Beine) sind Dinge, die wir alle gemeinsam haben.

Auch beim Lernen unterscheiden wir uns. Manchen genügt es, die Dinge zu hören und die wichtigsten Informationen daraus zu speichern. Andere wiederum müssen sie hören und aufschreiben.

Du siehst also, es gibt unterschiedliche Lerntypen. Diese möchte ich dir nun genauer vorstellen.

Beginnen wir zunächst mit der Klärung, was Lerntypen überhaupt sind.

Umgangssprachlich gesagt ist ein Mensch ein Typ. Diese Ausdrucksweise ist vor allem bei Teenagern beliebt, habe ich recht? Nein, Spaß beiseite.

Wenn wir von Lerntypen sprechen, meinen wir vielmehr die Wege, wie wir lernen.

Die Aufnahme von Informationen erfolgt hauptsächlich über unsere Sinnesorgane (Ohren, Augen, Haut), das ist bei jedem Menschen gleich. Es wird allerdings davon ausgegangen, dass wir Menschen die Informationen über eben diese in unterschiedlicher Qualität aufnehmen. Der eine kann am besten lernen, wenn er etwas hört, der andere, wenn er die Dinge visualisiert. Manche Menschen können aber auch mit mehreren Sinnen gleich gut lernen. Daher gibt es auch die unterschiedlichen Lerntypen.

Die vier Lerntypen

Wenn man im Internet oder in Büchern über Lerntypen etwas herausfinden will, wird man schnell merken, dass es viele verschiedene Typenlehren gibt. Die bekannteste ist allerdings die von Frederic Vester. Dieser lebte in den 70er Jahren. Mit seiner Lehre beschreibt er den auditiven, visuellen, haptischen sowie den intellektuellen Lerntypen.

Es gibt noch weitere Lerntypen, jedoch sind dies die am häufigsten beschriebenen.

Beginnen wir mit dem **visuellen Lerntypen**. Man könnte auch sagen dem Seher. Denn er nimmt Informationen am besten auf, wenn er etwas sieht.

Wie genau das vonstattengeht? Nun, er liest Texte, schaut Bilder an oder beobachtet vieles, was in seiner Gegenwart geschieht.

Beim Lernen hilft ihm daher, wenn das Material grafisch dargestellt wird, die Informationen zum Thema auf Bildern zu erkennen sind oder etwas lebhaft dargestellt wird.

Der **auditive Lerntyp** benutzt nicht die Augen,

sondern seine Ohren, um so viele Informationen wie möglich aufzusaugen. Alles, was er hören kann, wird von ihm am besten verarbeitet.

Es hilft ihm unglaublich, wenn er sich Texte selbst laut vorliest oder anderen bei Vorträgen zuhört.

Der **haptische Lerntyp** kann am besten lernen, wenn er die Dinge selbst berühren kann. Sein Erfolg beim Lernen ist demnach am stärksten, wenn er praktisch tätig werden kann. Er begreift die Dinge mit seinen Händen und ist daher am liebsten selbst aktiv.

Aber nicht nur das praktische Handeln ist seine Spezialität, sondern auch Bewegung, physikalische Ereignisse, wie beispielsweise das schnelle Rutschen und was dabei vor sich geht, lassen sich für ihn am ehesten verstehen, wenn er es selbst ausführt.

Der haptische Lerntyp wird aber auch als kinästhetischer Lerntyp bezeichnet.

Der **kommunikative Lerntyp** braucht die Kommunikation mit anderen. Er saugt Informationen dann am meisten auf, wenn er mit anderen darüber sprechen kann. Daher liebt er Diskussionsrunden, Vorträge und Fragen zu stellen. Auch die eigenen Vorträge, welche er zuvor selbst verschriftlicht hat, sind ihm beim Lernen eine große Hilfe.

Welcher Lerntyp trifft überhaupt auf mich zu?

Sich selbst Wissen anzueignen, ist besonders für Schüler und Studenten von großer Bedeutung. Ob du nun Informationen besser über das Sehen, Hören oder sogar durch selbst ausprobieren aufnimmst, kannst nur du für dich allein herausfinden. Wie das Lernen funktioniert, hast du bereits in Kapitel 1 gelesen. Wenn du herausfinden möchtest, welcher Typ du bist, kannst du einen sogenannten Lerntypentest durchführen. Zu wissen, welcher Lerntyp man selbst ist, verschafft einem zwar einen großen Vorteil, aber es genügt nicht, um bestmögliche Ergebnisse zu erzielen. Für das optimale Lernen braucht man außerdem eine Lernstrategie.

Auch wenn wir Menschen unterschiedliche Lerntypen sind, geht man davon aus, dass man nicht nur einen Lerntyp zu hundert Prozent darstellt. Es ist eher der Fall, dass man mindestens zwei Lerntypen kombiniert. Natürlich ist es dabei so, dass der ein oder andere Lernkanal etwas stärker ausgeprägt ist. Wenn du also den Lerntypentest durchführst, solltest du dir immer bewusst sein, dass das Ergebnis nur zur Orientierung dient. Wenn du dich selbst einschätzt und weißt, welches Lernfeld und Material dir am besten hilft, bist du anderen schon weit voraus.

Daher solltest du möglichst viele Methoden ausprobieren, ehe du dich auf eine Lernmethode festlegst. Entscheide dich am besten für eine gesunde Mischung, denn so kannst du so viele Informationen wie möglich aufnehmen.

Mit unseren Sinnesorganen nehmen wir Informationen unterschiedlich gut auf. Beispielsweise so:

- Nur Sehen: 30 Prozent

- Nur Hören: 20 Prozent

- Sehen und Hören: 50 Prozent

- Sehen, Hören und Diskutieren: 70 Prozent

- Sehen, Hören, Diskutieren und selbst machen: 90 Prozent

Dies zeigt deutlich, dass man am besten profitiert, wenn man mehrere Kanäle zusammen verwendet, um zu lernen.

Wenn du selbst nicht weißt, welcher Lerntyp du eigentlich bist, kannst du dies auf folgender Seite schnell herausfinden:

https://funtests.philognosie.net/lerntypen/lernty-pen-test-welcher-lerntyp-bin-ich

Wie kann der jeweilige Lerntyp beim Lernen helfen?

Wie die unterschiedlichen Lerntypen am besten lernen können, möchte ich dir nun aufzeigen. Beginnen wir also mit dem visuellen Lerntyp. Er kann Informationen am besten durch lesen oder beobachten aufnehmen.

Um sich die Inhalte besser zu merken, helfen ihm Bilder und Grafiken. Erklärungen helfen ihm dabei, den Durchblick zu behalten. Wenn er etwas nicht gleich verstanden hat, so muss er das Ganze noch einmal genauer betrachten. Visuelle Lerner sind die, die gerne lesen, Bilder anschauen oder auch Grafiken mögen. Für sie ist eine gemütliche Lernumgebung wichtig. In der Schule arbeitet er sehr gerne mit Tafelbildern und schriftlichen Unterlagen. Der visuelle Lerner schreibt zudem gerne mit. Was er selbst gelesen oder gesehen hat, speichert er in seinem fotografischen Gedächtnis.

Bilderbücher, Poster, Videos oder Karteikarten sind für den visuellen Lerner große Lernhilfen. Im folgenden Text findest du einige Lerntipps.

Wenn du ein visueller Lerner bist, solltest du im Unterricht so viel wie möglich mitschreiben, dabei meine ich nicht nur das Tafelbild zu übernehmen, sondern auch sich Notizen machen. So hast du die Möglichkeit, zuhause nochmal alles in Ruhe durchzulesen.

Den Stoff bildlich darzustellen, beispielsweise mit Skizzen oder Diagrammen, macht das Ganze noch einmal verständlicher, so kannst du Zusammenhänge viel besser erkennen.

In Büchern oder sogar im Internet kannst du Bilder heraussuchen, die zum Thema passen. So ist es einfacher, den Stoff zu veranschaulichen. Das Geschriebene und die Bilder kannst du besser verknüpfen und dir somit die Zusammenhänge erschließen.

Auch Karteikarten eignen sich wunderbar, beispielsweise um Vokabeln zu lernen. Das Witzige dabei ist, dass man sich nicht nur die Vokabeln, die darauf stehen, merkt, sondern diese beispielsweise mit einem Eselsohr oder mit einem Knick in der Mitte der Karte in Verbindung bringt.

Wichtig ist, dass du den Lernstoff mit deinen eigenen Worten aufschreibst, denn nicht nur das Lesen hilft, sondern auch das Aufschreiben. Wenn du das nächste Mal lernst, solltest du versuchen, den Stoff mit deinen eigenen Worten aufzuschreiben. Du wirst merken, dass die einzelnen Wörter besser im Gedächtnis gespeichert werden.

Auch große Poster können beim Lernen helfen. Diese kannst du in deinem Zimmer aufhängen, besonders an den Stellen, wo du dich am meisten aufhältst. So bist du ständig mit dem Lernstoff in Berührung und kannst ganz nebenbei lernen.

Um deine Konzentration zu fördern, kannst du kleine Übungen durchführen. Vielleicht erinnerst du dich an das Memory Spiel aus deiner Kindheit. Wenn du zum Beispiel mit deinen Freunden lernst, könnt ihr verschiedene Bilder oder Karteikarten auf dem Tisch ausbreiten. Diese schaut ihr euch in aller Ruhe an. Dann geht einer aus dem Zimmer, während der andere ein Bild entfernt. Ist das geschehen, kommt derjenige, welcher hinausgegangen ist, wieder hinein und muss erklären, welches Bild oder welche Karteikarte fehlt. Dabei ist es wichtig, nicht zu viele Karten oder Bilder auf einmal zu wählen.

Während der visuelle Lerntyp am besten lernt, indem er Informationen mit seinen Augen aufnimmt, ist der auditive Lerntyp auf seine Ohren angewiesen. Mit ihnen nimmt er Dinge auf, kann diese sofort speichern und auch wiedergeben.

Mündlichen Erklärungen zu folgen und das Gesagte auch zu verstehen, ist daher seine Spezialität. Erklärungen sind für ihn passend, auf das Gesagte kann er sich sozusagen einen Reim machen.

Wenn du festgestellt hast, dass du ein auditiver Lerntyp bist, so sind CDs, die den Lernstoff enthalten, genau das Richtige für dich. Du kannst dir natürlich auch verschiedene Texte selbst laut vorlesen oder dir vorlesen lassen.

Besuche Vorlesungen und Vorträge anderer und lausche deren Worte. Oftmals beinhalten diese zahlreiche Informationen und helfen wunderbar beim Lernen. Witzig ist, dass auditive Lerntypen sehr häufig dazu neigen, Selbstgespräche zu führen.

Da sich der auditive Lerntyp darauf konzentrieren muss, für sich die wichtigsten Informationen aus Vorträgen zu ziehen, sollte seine Umgebung daher möglichst ruhig sein. Nebengeräusche könnten nur zur Ablenkung führen.

Gespräche, Vorträge, Podcasts, Hörbücher oder ruhige Musik können hier eine gute Lernhilfe sein. Heutzutage haben alle Smartphones ein Diktiergerät. Dieses kannst du wunderbar nutzen, um Tonaufnahmen zu machen, welche du später noch einmal anhören kannst, so erreichst du, dass du so viele

Informationen wie möglich mitnimmst.

Wenn du dir beim Lernen die Dinge immer wieder laut aufsagst, solltest du dabei auf deutliche, richtige und laute Aussprache achten. So kannst du dir gewiss sein, dass die Lerninhalte schneller und effizienter gespeichert werden. Mit dem Aufnehmen allein ist es aber noch nicht getan. Wichtig ist, dass du dir die Aufnahmen immer wieder anhörst. Manchmal kann es allerdings vorkommen, dass man etwas noch nicht ganz versteht. Hier sollte man sich zum Beispiel seine Eltern oder Freunde zurate ziehen, die dann den Lerninhalt noch einmal erklären können.

Wenn auditive Lerner etwas im Stillen lesen, bleibt jedoch nicht so viel hängen wie beim lauten Vorlesen. Daher solltest du, falls du tatsächlich ein auditiver Lerner bist, dir die Texte tatsächlich laut vorlesen.

Eselsbrücken sind für auditive Lerntypen eine überaus wirksame Lernunterstützung. Mit Eselsbrücken ist gemeint, dass man andere Wörter dazu benutzt, um sich das Hauptwort, welches man lernen muss, besser einprägen zu können.

Auditive Lerner haben zudem keinerlei Schwierigkeiten mit mündlichen Aufgaben. Diese meistern sie oftmals mit Bravour.

Eine mögliche Übung ist, seine Hausaufgaben wie

einen Vortrag zu handhaben. Diesen kann man seinen Freunden, Eltern oder sich selbst vorsprechen. Dies gibt die Möglichkeit, bereits selbst zu hören, wo man eventuell einen Fehler gemacht hat oder was man gegebenenfalls noch verbessern könnte.

Selbstgespräche können für viele auditive Lerner zum Vorteil sein. Ebenso hilfreich ist es, während des Lernens ausgedachte Lieder zu singen, welche den Lernstoff beinhalten.

Wichtig ist, dass du beim Lernen immer darauf achtest, dass die Geräuschkulisse angenehm ist und dich nicht überfordert. Zu viele Geräusche können nämlich schnell dazu führen.

Folgende Übung kann dir helfen, dass du dich beim Lernen besser konzentrieren kannst.

Sei für eine Minute ganz still, deine Umgebung sollte es ebenfalls sein. Konzentriere dich auf die Stille und lausche, was sie zu erzählen hat. Du wirst feststellen, dass da einiges zu hören ist.

Nun haben wir uns bereits angesehen, wie der visuelle und der auditive Lerntyp lernen. Jetzt werfen wir einen Blick auf den haptischen Lerntypen. Dieser begreift die Dinge am besten, wenn er diese selbst durchführt. So kann er vieles besser nachvollziehen. Eine unmittelbare Beteiligung am Lernprozess ist daher für ihn wichtig.

Vielleicht hast du schon einmal etwas von der Redewendung „Learning by doing" gehört. Übersetzt heißt dies nichts anderes als „Lernen durch Handeln". Wenn du also selbst Handlungen durchführst, kannst du auch selbst Erfahrungen sammeln.

Bist du ein haptischer Lerntyp, kannst du die Themen selbst erkunden und erarbeiten. Der Vorteil dieses Lerntyps ist, dass er sich wunderbar an die Informationen erinnern kann, welche er durch Bewegungen erfahren hat.

Rollenspiele, Gruppenaktivitäten, Bewegungen oder das Nachahmen sind hier große Lernhilfen. Besorge dir also Lernhilfen, welche du selbst anfassen kannst. Führe verschiedene Übungen durch, bei welchen körperliche Aktivität gefragt ist. Bringe diese in Verbindung mit dem Lerninhalt.

Du kannst dir auch Freunde einladen, mit welchen du lernen möchtest. Gemeinsam könnt ihr zum Beispiel verschiedene Rollenspiele durchführen. Du kannst dich beim Lernen aber auch in deinem Zimmer frei bewegen. Sprich dabei den zu lernenden Inhalt immer wieder laut aus. Diesen kannst du auch mit verschiedenen Gestiken oder Mimiken unterstützen.

Eine schöne Übung für diesen Lerntypen kann

zum Beispiel sein, dass man eine Art Mit-Mach-Geschichte durchspielt. Bei dieser Mit-Mach-Geschichte muss man zum Beispiel verschiedene Dinge nachahmen oder Handlungen ausführen. Mit dieser Übung werden nicht nur die Bewegungen gefördert, sondern auch das Gehör geschult, da man sich genau auf das Erzählte konzentrieren muss.

Eine weitere Möglichkeit, seine eigene Konzentrationsfähigkeit zu fördern, ist das Tanzen. Beim Tanzen bewegt man sich, ist aber auch gleichzeitig auditiven und visuellen Wahrnehmungspunkten ausgesetzt.

Werfen wir zuletzt noch einen Blick auf den kommunikativen Lerntypen. Für ihn sind Diskussionen und Gespräche mit anderen die beste Möglichkeit, neues Wissen zu erlangen. Die sprachliche Auseinandersetzung und das Verstehen verschiedener Dialoge ist für diesen Lerntypen äußerst wichtig. Erklärungen nimmt er nicht einfach so hin, sondern diskutiert diese mit anderen.

Eine große Hilfe kann für diesen Lerntypen sein, dass er einmal die Rolle des Erklärenden einnimmt und in einer weiteren Gesprächsrunde die Rolle des Fragenden. So kann er beide Seiten genau betrachten, deren Perspektiven kennenlernen und so viele Informationen aufsaugen wie nur möglich.

Wenn du ein kommunikativer Lerntyp bist, so kannst du dir von deinen Freunden oder Eltern ein Thema erklären lassen und dieses dann ausführlich mit ihnen diskutieren. Der Austausch und die Unterhaltung ist ein äußerst wichtiger Bestandteil dieses Lerntyps.

Optimale Lernhilfen können für den kommunikativen Lerntypen nicht nur Gespräche oder Diskussionen sein, sondern auch sogenannte Lerngruppen oder Frage und Antwort Spiele.

Wenn du ein kommunikativer Lerntyp bist, so diskutiere ausführlich mit deinen Freunden, Eltern oder auch mit dem Lehrer und der Klasse über verschiedene Themen. Du musst auch nicht alle Aussagen gut finden, sondern kannst ihnen auch widersprechen und damit andere zum Nachdenken anregen.

Wichtig ist, dass man lernt, Dinge anzusprechen. Stelle Fragen, auch wenn andere vielleicht davon genervt sind. Wer fragt, kann auch viel lernen.

Ebenso kann es hilfreich sein, verschiedene Rollenspiele zu spielen. So kannst du verschiedene Perspektiven einnehmen. Kommunikative Lerntypen sollten nicht allein lernen. Lade dir daher mindestens einen Freund ein. Lustig ist es auch, wenn man das zu Lernende in einem Quiz durchspielt. So lernt ihr nicht nur, sondern habt auch gleichzeitig jede Menge Spaß dabei. Ein wunderbares Spiel kann hier zum Beispiel „Wer wird Millionär" mit euren eigenen Fragen sein.

3.2 LERNSTRATEGIEN

Schauen wir uns den Begriff erst einmal genauer an und klären, was er bedeutet.

Definition
Von einer Lernstrategie spricht man, wenn man den Handlungsplan zur Optimierung des eigenen Lernens beschreibt. Diese sind vor allem auf das Ziel fixiert. Sie sind essenziell, um gute Ergebnisse zu erzielen.

Wir wenden diese bewusst, manchmal aber auch unbewusst an. Lernstrategien hat jeder Mensch. Genau wie wir Menschen sind diese auch unterschiedlich. Beispielsweise werden sie durch Notwendigkeit, der allgemeinen Situation und dem eigenen Lerntypen unterschieden.

Welche Lernstrategien gibt es?

Die kognitive Lernstrategie
Diese dient vor allem dem effizienten Lernen. Hierzu zählen all jene Verhaltensweisen, welche man selbst direkt beim Lernen ausübt.

- Material sichten
- Lesen
- Auswendig lernen
- Wiederholen

- Markierungen vornehmen

All diese verknüpfen sich direkt mit dem Inhalt und helfen dabei, Neues zu erarbeiten, Struktur hineinzubringen und den bestmöglichen Nutzen herauszuziehen.

Je nach Bezug auf die Funktionen lassen sich diese wiederum in drei Unterpunkte teilen.

Wiederholungsstrategie

Hier sind beispielsweise Eselsbrücken, Karteikarten oder das laute Aufsagen von Vokabeln oder Stichpunkten gemeint.

Sie sind daher besonders zum Gedichte lernen oder Vokabeln lernen geeignet. Durch die Wiederholung prägt man sich flüchtige Fakten ein.

Organisationsstrategie

Die erlernten Fakten sollen auf das Wichtigste reduziert werden. Mit dieser Strategie schafft man eine Struktur und lernt, die aufgenommenen Informationen richtig zu verstehen. George Bernand Shaw sagte einmal: „Hohe Bildung kann man dadurch beweisen, dass man die kompliziertesten Dinge auf einfache Art zu erläutern versteht." Das bedeutet, dass man das Gelernte mit eigenen Worten wiedergeben kann, sodass es auch für andere verständlich ist.

Elaborationsstrategie

Die Lerninhalte werden tief verankert und man beginnt, diese zu verknüpfen. Dies geschieht beispielsweise dann, wenn man nicht nur die Schulbücher zum Lernen nutzt, sondern auch andere Medien mit einfließen lässt, das Gelernte im Alltag anwendet oder Dinge selbstständig nachforscht.

Hilfreich ist es auch, wenn man sich eigene Beispiele ausdenkt und Fragen zum jeweiligen Text formuliert.

Die metakognitive Lernstrategie

Diese Strategie schafft den Durchblick und den Überblick. Damit ist gemeint, dass du selbst einen Blick von oben auf deine Lernvorgänge wirfst und diese zusätzlich auch selbst steuerst, planst, überwachst, bewertest und regulierst.

- Lerninhalte planen
- Fortschritte überprüfen
- Lernstoff bewerten
- Vorhandenes Wissen überprüfen
- Zusammenhänge herstellen

Ressourcenbezogene Lernstrategie

Hier spielt es eine Rolle, wie Rahmenbedingungen wie Zeit oder Raum sowie die Ressourcen, also das notwendige Material, organisiert werden.

- Zeitmanagement
- Energieeinsatz
- Gestaltung des Arbeitsplatzes
- Lernbedingungen

Es werden dementsprechend externe Lernstrategien entwickelt, welche das eigentliche Lernen fördern und unterstützen sollen.

Domänenspezifische Strategie

Was ist eine Domäne? Eine Domäne ist ein spezifischer Wissensbereich.

Strategien in eben diesem spezifischen Wissensbereich sollen dabei helfen, Schwierigkeiten zu lösen. Diese werden nicht allgemein, sondern tatsächlich auf den bestimmten Bereichen angewendet. Daher sind diese effektiver und erzielen fast immer positive Ergebnisse.

Je mehr Erfahrungen man sammeln konnte, desto stärker verfeinert sich dieses Wissen und es wird die sogenannte Expertise gebildet, das sogenannte Expertenwissen. Kurzum bedeutet dies, dass man auf einem bestimmten Gebiet als Experte gilt.

Wissenswert: Dieses Expertenwissen entsteht nicht, weil man etwas stur auswendig lernt. Ganz im Gegenteil. Hier ist es wichtig, dass das Wissen angewendet wird und man gewisse Tätigkeiten selbst ausübt.

3.3 LERNTECHNIKEN

Die Loci-Methode

Diese Methode kann man sehr leicht erlernen. Vor allem Gedächtnissportler wenden diese an, da sie sehr effektiv ist.

Der Begriff kommt aus dem Lateinischen und bedeutet: „Ort/ Platz".

Die Loci-Methode kann auch wunderbar von Schülern und Studenten angewendet werden, welche umfangreichen Lernstoff pauken müssen.

Mit relativ wenig Aufwand stellt diese Methode eine sehr einfache dar, wodurch man sie schnell und einfach erlernen und anwenden kann.

Der Grundgedanke dieser Methode ist, dass man sich Abfolgen von Dingen eher schwer merken kann. Mit der Loci-Methode schafft man hier Abhilfe, da sie eine fiktive Struktur hereinbringen kann. Man stellt sich beispielsweise einen Weg mit verschiedenen Punkten vor, welche man dann mit den verschiedenen Inhalten, die es zu lernen gilt, verknüpft. Zwischen Punkten und Lerninhalten wird sozusagen ein Zusammenhang geschaffen.

Durch die übergeordnete Struktur wird es dann leicht, die Reihenfolge der Inhalte wiederzugeben und auch einzuhalten.

Um sich diese Struktur zu schaffen, sollte man einen bekannten Weg wählen, welcher genügend Punkte mit sich bringt, mit welchen man die verschiedenen Inhalte verknüpfen kann. Beispielsweise kannst du hierfür deinen Schulweg wählen.

Mit deinem inneren Auge kannst du dann die Lerninhalte zu den jeweiligen belebten Bildern packen. Ursprünglich war es so, dass man nur einen Begriff zu dem jeweiligen Ort legte. Mittlerweile kann man auch mehrere Dinge zu einem gewählten Punkt legen. So spart man Platz und man erinnert sich leichter an die Inhalte.

Du kannst den gewählten Weg oder Ort, vielleicht ist es ja auch dein Zimmer, immer wieder neu mit Inhalten bestücken. Eines solltest du aber bedenken: Je weniger man die Dinge wiederholt, desto mehr geraten diese in Vergessenheit.

ABC-Technik

Eine wunderbare Struktur hat unser Alphabet. Wieso sollte man diese nicht auch zum Lernen nutzen? Diese Methode eignet sich wunderbar zum Vokabeln lernen. Ganz einfaches Beispiel: E wie Elefant. Du merkst dir den Buchstaben und prägst dir das Bild eines Elefanten ein.

Regelmäßiges Wiederholen

Eine der einfachsten Techniken, welche du nutzen kannst.

Hierzu musst du das, was du bisher gelernt hast, einfach regelmäßig abrufen und wiederholen. Es muss nicht täglich sein, aber in regelmäßigen Abständen. Wenn du dies sehr oft gemacht hast, wird das Wissen in dein Langzeitgedächtnis übergehen.

Inhalt verstehen

Wichtig ist, dass du das, was du lernen sollst, auch tatsächlich verstehst. Du kannst dies überprüfen, indem du es deinen Eltern oder Freunden mit eigenen Worten noch einmal erklärst. Wenn du die Informationen begreifst, speichert dein Langzeitgedächtnis diese. So kannst du es zu jeder Zeit aufrufen und anwenden.

Verbildlichung

Hier ist dein inneres Auge gefragt. Zu jedem Punkt

stellst du dir am besten ein tolles Bild vor. So visualisierst du den Lerninhalt. Sicher kennst du Mindmaps. Mit diesen kannst du den zu lernenden Stoff bildlich darstellen und schaffst ganz nebenbei Zusammenhänge.

Karteikarten

Eine altbekannte Methode ist es, den Stoff auf Karteikarten zu schreiben. Diese sind handlich und lassen sich überall mit hinnehmen. Besonders gut kann man mit ihnen Definitionen von Begriffen lernen. Schreibe hierzu den Begriff auf die Vorderseite und auf die Rückseite die Erklärung. Mit einem Karteikasten kannst du deine Karten so sortieren, dass die Begriffe, welche dir noch schwerfallen, beispielsweise vorne eingeordnet werden und somit jederzeit griffbereit sind.

Mindmaps

Komplizierte Inhalte müssen nicht kompliziert zu erlernen sein. Nutze hierfür am besten die Mindmaps. So kannst du ein Schlagwort in der Mitte notieren und durch Linien kleine Sprechblasen mit diesem verbinden. In diesen Sprechblasen notierst du alles, was du zu diesem Thema lernen musst. Dies hilft dir, einen Überblick zu schaffen und die eigenen Gedanken zu ordnen.

Listen

Listen schaffen Struktur und diese ist überaus hilfreich, wenn man lernt. Durch diese kannst du die Informationen erst einmal ordnen.

Bei komplexen Themen kannst du zunächst ein Schlagwort oben auf der Liste notieren und dann in Stichpunkten alle nötigen Details dazuschreiben.

Gedächtnispalast

Im Prinzip gleicht diese Methode der bereits beschriebenen Loci-Methode. Allerdings spielt hier kein Weg eine Rolle, sondern ein Gebäude, welches du mit Inhalten des Lernstoffes erbaust. Natürlich geschieht dies wieder vor deinem inneren Auge. Kurze Erklärung:

- Fundament – Schlagwort
- Säulen – wichtige Eckdaten
- Dachboden – zusätzliche Details

Wenn du dann eine Klausur oder Prüfung schreiben musst, kannst du in Gedanken durch deinen Palast spazieren und den Stoff abrufen.

SQR3-Technik

Diese Methode ist wunderbar für wissenschaftliche Texte anwendbar, vor allem dann, wenn sie schwierig erscheinen.

Und so funktioniert es:

Im ersten Schritt schaut man sich das Inhaltsverzeichnis an. So bekommt man einen guten Überblick über die Themen, welche behandelt werden.

Im zweiten Schritt überlegt man dann, was der Text wohl erzählen wird. Hierzu schreibst du Fragen auf, die sich dir beim Lesen bisher gestellt haben.

Im dritten Schritt beginnst du, den Text zu lesen. Hierbei markierst du mit einem Stift die Stellen, welche dir wichtig erscheinen.

Abschließend fasst du genau diese Textstellen zusammen. Nun kannst du den Text tatsächlich erklären.

Concept-Map

Mit dieser Map kannst du Begriffe visualisieren. Diese stehen im Zusammenhang und werden durch ein Netz in Form gebracht.

Mit dieser kannst du Informationen graphisch

anordnen, aber auch deine Gedanken sortieren. Sie dient ebenso zur Reflexion.

Folgende Elemente kannst du wählen, um diese darzustellen:

- Rechtecke für Begriffe
- Pfeile für die Beziehungen der Begriffe
- Pfeilbeschriftungen definieren die Beziehungsart

Wichtig: Die Spitze des Pfeils gibt vor, in welche Richtung man lesen muss.

Unterschiede zur Mind-Map

- Mehrere zentrale Begriffe
- Querverbindungen zwischen den Begriffen möglich
- Straßenbahnnetz (bei der Mindmap gleicht das Ganze eher einem Baumstamm und seinen Ästen)
- Struktur durch Begriffsbedeutung
- Erstellung dauert länger

3.4 DER LERNMODUS

So funktioniert optimales Lernen

Wer richtig lernen möchte, der weiß nun, dass er dafür erst einmal herausfinden muss, welcher Lerntyp er eigentlich ist und gegebenenfalls auch, mit welchem eine Kombination am besten funktioniert.

Ebenso ist es wichtig, gute Techniken und Strategien zu kennen und zu wissen, wie man diese für sich selbst optimal umsetzen kann.

Zusätzlich möchte ich dir noch einige Ratschläge mit auf den Weg geben, welche dir helfen sollen, tatsächlich effektiv lernen zu können.

1) Probeklausuren

Auf Klausuren hat natürlich niemand Lust. Sie sind anstrengend, sie erfordern Zeit und man muss viel lernen. Aber besonders dann, wenn man sich fragt, wie viel man eigentlich lernen soll, empfiehlt es sich, alte Klausuren zu bearbeiten. So bekommt man ein Gefühl dafür, was man überhaupt machen muss.

2) Geschichten erfinden

Erinnerst du dich noch an die Märchen, welche man dir in deiner Kindheit vorgelesen hat?

Dies ist sicherlich einige Jahre her und doch kannst du

dich an so viele Details erinnern. Was spricht also dagegen, Geschichten oder Erzählungen zum Lernen zu nutzen? Du kannst beispielsweise aus den Inhaltspunkten, welche du lernen musst, eine neue Geschichte erfinden. Damit du besonders gut lernen kannst, sollte diese sehr fantasievoll sein.

Wenn du zurück an die Lerntechniken denkst, bis du dich an den Gedanken Palast erinnerst. Was passt besser zu einer Geschichte als ein Palast? Nutze diesen doch als Grundgerüst für deine Geschichte. So muss dein Gehirn viele Bilder herstellen und die Informationen, welche es damit verbindet, prägen sich so tiefer ein.

3) Falsches Essen vermeiden

Bestimmt wirst du dich fragen, was Essen mit dem Lernen zu tun hat. Tatsächlich ist es so, dass gesundes Essen sich optimal auf dein Lernverhalten auswirkt. Geh jetzt aber bitte nicht davon aus, dass du sofort zum Einser-Schüler wirst.

Wer sich gesund ernährt, kann tatsächlich konzentrierter und schneller lernen, da der Körper und das Gehirn mit ausreichend Vitaminen versorgt werden. Gerichte, welche viele Zusatzstoffe enthalten, können tatsächlich kontraproduktiv für deine Gehirnaktivität sein. Ja, auch Lebensmittel, welche viel Zucker,

Kohlenhydrate oder Fett enthalten, zählen hier dazu. Wichtig ist auch, dass du immer genug Wasser trinkst. Der Mythos, dass Energy-Drinks dich mit ausreichend Energie versorgen, ist demnach nicht zu empfehlen.

4) Die Abwechslung macht's

Jeder Lerntyp lernt unterschiedlich. Es ist immer davon abhängig, wie ausgeprägt die Sinneseindrücke sind, und dennoch kann man sagen, dass man von jeder Art profitieren kann. Das Beste ist also, wenn man sich nicht nur auf einen Lerntyp versteift, sondern mehrere miteinander kombiniert. So werden dein Gedächtnis und die Konzentration immer wieder neu stimuliert.

Du wirst besonders effektiv lernen, wenn du die Inhalte laut vorliest, Mindmaps erstellst oder eine kleine Präsentation für deine Eltern oder Freunde hältst. Wählst du also eine Kombination aus Lerntypen, regst du verschiedene Gehirnbereiche an, in denen dann auch die verschiedenen Sinneswahrnehmungen gespeichert werden können. Zudem werden diese so wunderbar miteinander vernetzt. Später kannst du dann dein erlerntes Wissen besser abrufen.

5) Grübeln hilft nicht

Natürlich wird sich jeder hin und wieder die Frage

stellen, wie er besser lernen kann. Diese Frage ist auch wichtig, aber sie kann auch in die Irre beziehungsweise zu falschem Ehrgeiz führen.

Manchmal ist es auch so, dass einem das, was man bereits gelernt hat, nicht einfallen will. Sicherlich kennst du das auch und weißt, wie schnell man dann zu grübeln beginnt. Und das ist ein großer Fehler, denn je länger man darüber nachdenkt oder versucht, sich zu erinnern, desto wahrscheinlicher ist es, dass man sich auch in naher Zukunft nicht mehr daran erinnern wird. Was der Grund dafür ist? Das lange Grübeln wird in deinem Gedächtnis als sogenannte Fehlermeldung gespeichert. Daher solltest du beim Lernen lieber einmal mehr nachschauen, als zu riskieren, dass du doch alles wieder vergisst.

6) Selbstgespräche

Vielleicht magst du denken, dass es lächerlich ist, Selbstgespräche zu führen. Aber tatsächlich ist es so, dass man am besten lernt, wenn man selbst von seiner eigenen Lösung überzeugt ist. Wenn du es selbst ausprobierst, wirst du im ersten Moment denken, wie lächerlich doch alles klingt. Nach einer gewissen Zeit wirst du aber merken, dass der Stoff besser in deinem Gedächtnis haften bleibt.

Es ist bewiesen, dass wenn man sich selbst etwas

laut vorsagt und sich damit auch selbst überzeugt, die Inhalte besser gespeichert werden.

7) Schreibe Zusammenfassungen

Heutzutage geht alles durch die Technik viel schneller. Und dennoch solltest du nicht darauf verzichten, die Lerninhalte mit deiner Hand aufzuschreiben. Wenn man alles nur noch mit Computer oder Handy schreibt, geht eine wichtige Fähigkeit verloren: die eigene Handschrift.

Die Universität Princeton führte einen Test durch, welcher ergab, dass Studenten, die sich Notizen mit der Hand machten, in Verständnisfragen deutlich besser waren als jene, die alles mit Computer schrieben. Wissenschaftler erstellten daher folgende Theorie: Am Computer hat man ein höheres Schreibtempo, aber man macht sich weniger Gedanken über das Gehörte und fasst es daher mit weniger Worten zusammen.

8) Stress vermeiden

Manchmal kann ein wenig Druck nicht schaden. Manchen hilft es wirklich, sich zum Lernen zu motivieren. Und doch ist davon abzuraten, da man hier auf einem sehr schmalen Weg entlanggeht. Stress beeinflusst die Leistung unseres Gedächtnisses, aber leider negativ.

Leider ist es aber auch so, dass sich nicht alle Stressfaktoren ausschalten lassen. Daher ist es wichtig, dass man erst einmal zur Ruhe kommt, bevor man mit dem Lernen beginnt. Hierfür solltest du eine Entspannungstechnik wählen, welche dir wirklich guttut. Dies kann Sport, Meditation, Musik hören oder ein schönes Schaumbad sein.

9) Musik für bessere Konzentration

Absolute Stille ist das A und O, wenn es um das Lernen geht – zumindest denkt man dies. Internationale Studien haben jedoch bewiesen, dass die richtige Musik die Konzentration und die Aufnahmefähigkeit sogar verbessern kann.

Studenten, die bei Vorlesungen im Hintergrund klassische Musik hörten, schnitten bei verschiedenen Tests sogar besser ab. Wie es mit anderen Genres steht, weiß man allerdings noch nicht. Eines ist jedoch klar: Mit ruhiger Musik kannst du besser lernen als mit lauter Heavy Metal Musik.

10) Lachen macht schlau

Nicht nur mit der Frage, wie man richtig lernt, sollte man sich befassen, sondern auch mit der Frage, wie man beim Lernen Spaß haben kann.

Lachen kann nicht nur Ablenkung bedeuten. Das haben Forscher bereits herausgefunden. Manche Dozenten lassen in ihren Vorlesungen hin und wieder passende Witze einfließen. Sofort werden einige Studenten aufmerksamer und befassen sich mit dem Thema. Durch das Lachen ist es ihnen möglich, Informationen besser zu speichern und diese später auch wieder abzurufen. Also, worauf wartest du? Geh und lach dich clever.

11) Multitasking ade

Manchmal stehen enorm viele Dinge auf dem Programm. Es ist nicht verwerflich, dass man dann am besten alles auf einmal irgendwie angehen will. Aber eben das wird zum Problem.

Wenn man alles irgendwie angeht, macht man die Dinge nur halb und es bleibt wenig im Gedächtnis hängen. Im Endeffekt schafft man sich so nur doppelte Arbeit.

Daher ist es wichtig, dass du dir einen genauen Plan erstellst und mit den Dingen beginnst, die oberste Priorität haben.

Es ist auch wichtig, dass du dein Handy oder das Internet in der Zeit nicht nutzt. Mit Internet ist hier gemeint, dass man eben nicht auf Social Media unterwegs sein sollte, wenn man effektiv lernen möchte. Dort wird man sehr schnell und leicht abgelenkt.

12) Der Biorhythmus

Der frühe Vogel fängt den Wurm – ein Spruch, der dir gewiss geläufig ist, ebenso wie: Du machst die Nacht zum Tag. Zu welcher Zeit man selbst am besten lernt, kann man sich selbst am besten beantworten. Niemand kennt dich so gut wie du selbst. Daher weißt du, zu welcher Tageszeit du das Lernen einplanen solltest. So kannst du deinen eigenen Tagesplan erstellen.

13) Bewegung

Stundenlang sitzen und auf die Notizen starren, kann schnell zu Verspannungen führen. Zudem lässt so die Konzentration schneller nach. Daher ist es wichtig, dass du immer wieder Pausen einlegst. Mache kleinere Pausen und drehe eine Runde in deiner Wohnung, mach ein wenig Sport oder entspanne dich für 20 Minuten auf der Couch. Eine Studie aus den Niederlanden zeigte, dass man sich Dinge besser merken kann, wenn man Sport macht.

Bei diesem Test wurden die Teilnehmer in drei

Gruppen eingeteilt. Die erste Gruppe lernte und ging gleich auf das Ergometer. Die zweite Gruppe lernte, machte dann vier Stunden Pause und trainierte dann.

Die dritte Gruppe machte gar keinen Sport. Die zweite Gruppe, welche Pause machte und dann trainierte, behielt tatsächlich das Gelernte besser im Gedächtnis. Darum empfehle ich dir, deine Lernpausen mit kleinen Workouts zu füllen. Dies hält nicht nur fit, sondern verbessert auch gleichzeitig noch deine Laune.

14) Duschen macht schlau

Ja, ich weiß. Bei dieser Überschrift musst du sicher zweimal hinschauen und gewiss entweicht dir gleich ein Lacher. Aber es ist tatsächlich so, dass das Duschen deinem Gehirn auf die Sprünge helfen kann. Duschen wirkt erfrischend. Aber nicht nur das Duschen, sondern auch Autofahren oder Einkaufen können diese Wirkung erzielen.

Lernen bedeutet, dass man sich über einen gewissen Zeitraum mit komplexen Fragen und Themen befasst. Dies kann ganz schön ermüdend sein. Dies werden dir deine Augen sicherlich schon oft gezeigt haben.

Duschen oder Einkaufen ist daher eine willkommene Ablenkung und Erfrischung. So kann das Gehirn tatsächlich abschalten. Kurzum: Wer sich mit komplexen Themen befasst, erhält seinen Geistesblitz manchmal erst beim Duschen.

Die Bedeutung der Konzentration

Konzentration ist eine Fähigkeit, die ein Mensch hat, sich auf eine Aufgabe zu fixieren.

Menschen, deren Konzentration problematisch ist, sind nicht weniger intelligent, denn Konzentration und Intelligenz sind zwei verschiedene Paar Schuhe, die nur in ganz geringen Maßen etwas miteinander zu tun haben.

Eine wichtige Rolle, wie stark ausgeprägt die eigene Konzentration ist, spielt unser Körper. Guter Schlaf, das Wohlbefinden, die eigene Fitness – dies alles sind wichtige Bestandteile, die für eine gute Konzentration wichtig sind. Wer müde, erschöpft oder gar krank ist, kann sich in der Regel weniger konzentrieren. Ebenso spielt die Situation, in welcher man sich befindet, eine entscheidende Rolle. Vielleicht musstest auch du schon einmal einen Text lesen und konntest dich nicht darauf konzentrieren, weil es im Hintergrund recht laut war.

Wenn du dich also konzentrieren musst, solltest du dafür sorgen, dass deine Umgebung die notwendige Ruhe hergibt.

Spaß ist ein weiterer Faktor, der sich auf die

Konzentrationsfähigkeit auswirkt. Dies hast du sicher schon einmal selbst erlebt. Dinge, die dich interessieren oder dir Freude bereiten, lassen sich leichter erarbeiten als Themen, welche für einen selbst eher langweilig erscheinen.

Möchtest du wissen, wie hoch deine Konzentrationsspanne ist? Dann schau einmal auf diese kleine Tabelle:

Alter	Zeit
5 bis 7 Jahre	Bis 15 Minuten
7 bis 10 Jahre	Bis 20 Minuten
10 bis 12 Jahre	Bis 25 Minuten
12 bis 16 Jahre	Bis 30 Minuten
Über 18 Jahre	Bis 90 Minuten

Ernährung und Sport sind wichtig, wenn man sich selbst gut konzentrieren möchte. Daher ist es immer ratsam, zwischen den Lernphasen für ausreichend Bewegung zu sorgen. Zudem solltest du stets Wert auf eine ausgewogene und gesunde Ernährung legen.

Tipps zur Konzentrationsförderung durch ausgewogene Ernährung:

- Viel trinken (zwei bis drei Liter Wasser pro Tag)
- Gute Fette (ungesättigte Fettsäuren und Omega-3-Fettsäuren)
- Aminosäuren aufnehmen (in Hülsenfrüchten enthalten)
- Wenig bis gar kein Zucker (steigender Insulinspiegel lähmt Gehirn)
- Viel Eiweiß und zahlreiche Ballaststoffe
- Vitamine
- Zusatzstoffe vermeiden
- Frisch und gesund kochen

Für den Menschen ist die Konzentration zum Lernen und Erfassen genauso wichtig wie die Luft zum Atmen. Wer sich nicht konzentrieren kann, wird einem wichtigen Projekt auch nicht die nötige Aufmerksamkeit schenken und dieses erfolgreich ausführen können.

Fehlende Konzentration kann auch Gefahr bedeuten, denn wenn man nicht aufpasst, während man draußen unterwegs ist, kann es schnell zu Unfällen kommen, wobei man stark verletzt wird oder im schlimmsten Fall sogar sein Leben lassen muss.

Denke einmal an den Chemieunterricht. Dort wird manchmal mit Chemikalien hantiert. Zwar sind diese nicht so gefährlich wie jene, die in großen Laboren angewendet werden, aber auch diese können erhebliche Schäden anrichten, wenn man nur für einen kurzen Moment unaufmerksam ist.

Die Konzentration ist der natürliche Schutzmechanismus für unseren Körper.

Fazit

- Eckpfeiler fürs Leben, Lernen und Denken
- Ohne Konzentration fehlt die nötige Aufmerksamkeit
- Schützt den Körper vor Fehlern und Gefahren
- Verbessert die Leistungsfähigkeit

- Grundlage für Verarbeitung von täglichen Informationen
- Erfassung und Speicherung von Sachverhalten

Der absolute Lernkiller: Ablenkung

Du möchtest lernen, aber die Ablenkung ist zu groß? Social Media, TV, volle und laute Räumlichkeiten, andere Interessen, mangelnde Motivation – all dies und noch so vieles mehr kann dazu führen, dass man sich nicht auf das Lernen konzentrieren kann.

Es ist daher im Vorfeld wichtig, dass du dir einen ruhigen Raum suchst und für eine entspannte Atmosphäre sorgst. Ein angenehmer Duft, klassische Musik oder ein warmer Tee können sehr förderlich sein.

Ebenso solltest du vor dem Lernen dafür sorgen, dass die Möglichkeiten zur Ablenkung so gering wie möglich auftreten. Leider kann man sie nie ganz ausschalten.

Das Smartphone, sämtliche Social-Media-Kanäle oder der Fernseher sollten während deiner Lernzeit nicht aktiv sein. Was allerdings helfen kann, ist ruhige Musik, welche im Hintergrund läuft.

Hast du deiner Mutter versprochen, ihr gewisse Aufgaben im Haushalt abzunehmen, solltest du diese unbedingt vor Beginn deiner Lernphase erledigen, nicht dass man dich mittendrin daran erinnern möchte.

Ebenso ist es empfehlenswert, der Familie oder auch den Freunden mitzuteilen, dass man für eine bestimmte Zeit ungestört arbeiten möchte. Hier kannst du kreativ tätig sein, indem du beispielsweise ein Türschild für dein Zimmer gestaltest, welches deutlich macht, dass du im Moment keine Zeit hast, weil du lernst.

Hast du irgendwelche Schwierigkeiten oder Sorgen, die dich vom Lernen abhalten könnten, so empfehle ich dir, diese im Vorfeld zu notieren und zu versuchen, diese so gut wie nur möglich beiseitezuschieben. Manche Dinge beanspruchen viel Zeit, um sie zu klären, oder wühlen das Gemüt so stark auf, dass man nicht genügend Konzentration aufbringen kann, die man eigentlich zum Lernen benötigt.

Setze dir im Vorfeld Ziele, die du erreichen möchtest. Du kannst hier wunderbar mit Etappenzielen arbeiten. Vielleicht belohnst du dich mit Kleinigkeiten beim Erreichen der Etappenziele oder aber mit einer größeren Belohnung, wenn du alle deine Ziele des Tages erreicht hast. Eine Belohnung kann hier beispielsweise ein schönes Schaumbad, ein Essen mit Freunden oder ein Spaziergang, eine Shoppingtour oder ein Kinobesuch sein.

Für Ablenkung können aber auch andere

Aufgaben sorgen, welche man eigentlich hätte erledigen sollen. Daher ist es wichtig, dass du dir einen Lernplan anlegst und Prioritäten setzt.

Mit Freunden zu lernen, kann viele Vorteile mit sich bringen, aber eben auch viel Ablenkung. Setzt euch gemeinsam zusammen und erarbeitet Regeln für die aktive Lernzeit, um eben diese zu vermeiden.

Der Lern-Flow und wie man ihn zu seinem Vorteil nutzt

Es kann manchmal ein ziemlich mühsamer Weg sein, ehe man sich aufrafft und tatsächlich mit dem Lernen beginnt. Hat man aber erst einmal damit begonnen und die anfänglichen Schwierigkeiten überwunden, so fällt es immer leichter, am Ball zu bleiben.

Wichtig ist, dass man dabei aufpasst, dass es nicht zu routinemäßig abläuft. Dies kann dazu führen, dass man sich irgendwann nicht mehr so stark konzentriert, wie man es gerne hätte.

Auch wenn man im Flow ist, sollte man dennoch hin und wieder eine Pause machen, um das Gehirn fit zu halten. Ablenkung ist in diesem Falle willkommen, aber eben nur in Maßen.

Ablenkung kann hier in Form von kurzen Pausen geschehen, welche man zum Umhergehen in der Wohnung, zum Tee trinken oder zum Zeichnen nutzt.

Achte darauf, dass diese kleinen Pausen nicht zu lange anhalten, da der Flow sonst wieder verfliegt.

Wenn einem etwas leicht fällt oder man merkt, dass man durch verschiedene Techniken, Methoden oder Strategien recht gut vorwärts im Stoff kommt, kann dies dazu führen, dass man sich enorm motiviert fühlt. Solange es einem guttut und man selbst einschätzen kann, wie aufnahmefähig man tatsächlich noch ist, sollte man diesen Flow auch nicht stoppen.

Warum kann man eigentlich besonders gut lernen, wenn man im sogenannten Flow ist? Das liegt daran, dass man ein sehr hohes Gefühl von Glück verspürt und daher nicht versucht, die Dinge aufzuschieben.

Wenn du den Flow erreichen möchtest, solltest du dazu in der Lage sein, Über- und Unterforderung zu vermeiden. Sobald man selbst überfordert ist, schüttet unser Körper das Hormon Adrenalin aus. Dieses führt dazu, dass die Bildung neuer Nervenverbindungen blockiert. Somit fällt das Lernen sehr schwer.

Daher solltest du vermeiden, dass du dich überfordert fühlst.

Adrenalin kann man wunderbar abbauen, wenn man Sport betreibt. Merkst du also, dass dein Körper ein hohes Maß an Adrenalin aufbringt, solltest du dich vor dem Lernen erst einmal auspowern. Wichtig: Aber nur so viel, dass du hinterher noch genügend Energie zum Lernen aufbringen kannst.

Entspannungstechniken können ebenfalls dafür sorgen, dass der Körper das Adrenalin abbaut.

Zeitmanagement ist überaus wichtig, wenn man in den Flow kommen möchte. Setze dir also feste Zeiten, in denen du aktiv lernen willst.

Sei nicht zu perfektionistisch! Das kann ganz schnell nach hinten losgehen und zu Frustration führen. Zudem neigen Menschen, welche alles perfekt machen wollen, schnell dazu, die Dinge aufzuschieben, was dann wiederum dazu führt, dass man unzufrieden mit sich selbst und seiner Leistung ist.

Aber nicht nur die Überforderung kann hinderlich sein, sondern auch die Unterforderung. Wenn du Musik bewusster einsetzt, kannst du dafür sorgen, dass du dich nicht unterfordert fühlst, da sie dir hilft, dich wohlzufühlen.

Sicher hast du auch schon von sogenannten Challenges gehört. Hier geht es darum, sich selbst herauszufordern. Achte aber darauf, dass du die Ansprüche nicht zu hoch setzt.

Was zu dir passt oder viel mehr was dir hilft, um in den Flow zu kommen, musst du selbst herausfinden. Ich rate dir, verschiedene Dinge auszutesten. Oftmals glaubt man, dass es bereits die erst beste Methode ist, die einem hilft. Manchmal gibt es aber auch noch weitere, die noch intensiver helfen können.

Teil 3

Kapitel 4: Zeitmanagement

Du konntest bereits in den vorangegangenen Kapiteln lesen, wie wichtig es ist, seine Zeit zu managen, um optimal und effizient lernen zu können. Mit diesem Kapitel möchte ich dir zeigen, wie du dich optimal auf Prüfungen vorbereiten kannst, was du gegen Prüfungsangst unternehmen kannst und wie du dich selbst reflektieren kannst. Zusätzlich möchte ich dir noch einige Tipps mit auf den Weg geben, welche deine Eltern nutzen können, um dich optimal zu unterstützen.

4.1 PRÜFUNGSVORBEREITUNGEN

Eine gute Vorbereitung ist die halbe Miete! Wenn du deine Prüfungstermine kennst, kannst du bereits damit beginnen, die Lernphasen zu erarbeiten und dir einen Lernplan erstellen.

Zudem gibt dir eine gute Vorbereitung auch die Möglichkeit, dass du dich mental auf die Prüfungen einstellst.

Wichtig ist, dass du nicht zu früh mit dem Lernen beginnst, um wichtige Dinge nicht wieder zu vergessen, aber es ist auch von Bedeutung, dass du nicht zu spät damit beginnst. Wieder ist hier das Zeitmanagement oberste Priorität.

Kennst du den Spruch: „Was Hänschen nicht lernt, lernt Hans nimmermehr"? In diesem noch so einfachen Satz steckt so viel Wahrheit und er zeigt uns, dass es wichtig ist, dass man bereits frühzeitig Wert auf seine Bildung legt.

Hängt man einmal hinterher, ist es gar nicht so einfach, den Stoff aufzuholen. Arbeitet man aber von Beginn an fleißig mit, so wird es einem viel leichter fallen, sich auf die später folgenden Prüfungen vorzubereiten.

Ich habe eine kleine Checkliste für dich zusammengestellt, die dich bei deiner Vorbereitung unterstützen soll.

Checkliste zur Prüfungsvorbereitung

- Setze dir Lernziele
- Grenze den Stoff ein
- Verschaffe dir einen Überblick
- Motiviere dich selbst
- Sorge für Abwechslung
- Gestalte deinen Arbeitsplatz so, dass du dich wohlfühlst
- Sei realistisch bei der Planung
- Achte auf deine Leistungsfähigkeit
- Plane und mache Pausen
- Mach dir Mut und werde nicht nervös
- Beschäftige dich mit Lesestrategien
- Vertiefe das gelernte Wissen
- Wende Wiederholungstechniken an
- Belohne dich auch für kleine Erfolge
- Plane ausreichend Schlaf ein
- Sorge für eine gesunde Ernährung
- Sorge für so wenig Ablenkung wie möglich

Hausaufgaben und Vorbereitung auf den Unterricht

Ein leidiges Thema von Schülern sind immer wieder die Hausaufgaben und das mittlerweile schon seit 150 Jahren, denn so lange gibt es in Deutschland bereits die Regelschulen und somit auch die Hausaufgaben.

Aber warum gibt es diese überhaupt und was sollen sie bewirken? Hausaufgaben gibt es nicht nur, weil Lehrer ihre Schüler beschäftigen wollen. Sie sind dafür gedacht, dass der Schüler sich mit dem Lernthema intensiv auseinandersetzen kann und selbstständig Lösungen findet.

An dieser Stelle könnte man nun sagen, dass Schüler dies in der Schule bereits zur Genüge tun, jedoch sollte man einen wichtigen Aspekt hier nicht außer Acht lassen Hausaufgaben machen die Schüler meist allein. Dies bietet ihnen die Möglichkeit, selbst Lösungen zu finden und das ganz in Ruhe. Eltern erhalten zudem einen Einblick und können sehen, wo das Kind vielleicht Defizite zeigt und Unterstützung benötigt.

Auch du wirst hin und wieder über die lästige Nachmittagsbeschäftigung schimpfen, dessen bin ich mir bewusst. Aber dennoch solltest du versuchen, sie als eine Möglichkeit zu sehen, deinen eigenen Wissensstand zu überprüfen.

Hausaufgaben und Vorbereitungen, die du für den Unterricht treffen musst, beispielsweise die Gestaltung eines Plakates zu einem Vortrag, unterstützen und fördern dich beim Lernen.

Ein weiteres Ziel von Hausaufgaben ist beispielsweise die Förderung der Eigenverantwortlichkeit. Du musst dir nämlich deine Zeit selbst einteilen und selbst einen Lösungsweg finden.

Oftmals werden bei Hausaufgaben die Unterrichtsthemen wiederholt. Daher helfen sie auch dabei, Lerninhalte zu festigen und zu speichern.

Zudem können sie auch auf ein neues Thema einstimmen, zu welchem du dir so bereits Gedanken machen kannst.

Was solltest du unternehmen, wenn du gefaulenzt hast?

Sei ehrlich! Auch du hast schon einmal gefaulenzt und nicht gelernt oder gar die Hausaufgaben nicht erledigt.

Für den einen ist dies ein Verbrechen, aber eigentlich ist dies ganz normal und kein Weltuntergang. Es ist nur wichtig, dass man sich eingesteht, dass es nicht gerade förderlich war, da man es sowieso nachholen muss.

Das Faulenzen wird in der Regel bei jedem Schüler mindestens einmal vorkommen. Jedoch solltest du darauf achten, dass es nicht zur Gewohnheit wird, da du sonst massive Probleme bekommen könntest. Nicht nur weil du eine schlechte Note erhalten könntest, sondern auch, weil dir so viel Stoff verloren geht, den du dann mühsam nachholen musst.

Gestehe dir deinen Fehler ein und versuche nicht, diesen zu leugnen. Am Ende kommt es meist sowieso heraus und dann sind die Konsequenzen meist viel schlimmer. Auch hier gibt es wieder eine Weisheit: „Ehrlichkeit währt am längsten."

4.2 PRÜFUNGS- UND MELDEANGST

Es gibt Schüler, die scheinen vor nichts Angst zu haben und vor Selbstbewusstsein nur so zu strotzen. Welcher Typ bist du? Hast du genügend Selbstbewusstsein oder neigst du dazu, ängstlich zu sein? In diesem Kapitel erfährst du, warum Angst besteht und was du dagegen unternehmen kannst.

Warum habe ich Angst? Bin ich selbst schuld?

Prüfungsangst – das Schlimmste, was einem widerfahren kann. Aber woher kommt sie überhaupt und was sind die Gründe dafür?

Wenn man das Ganze genauer betrachtet, wird man feststellen, dass es keinen triftigen Grund gibt, außer dass man sich nicht genug auf die Prüfung vorbereitet hat.

Wenn du schon einmal vor etwas Angst gehabt hast, wirst du dich vielleicht auch daran erinnern, dass man immer wieder versucht hat, dich durch gutes Zureden zu unterstützen und dir deine Angst zu nehmen. Vielleicht hat es funktioniert, aber eigentlich ist es so, dass jedes noch so starke Argument nicht hilft.

Um Angst zu überwinden, muss man einen harten Kampf mit sich selbst führen und sich letztlich der Angst stellen, wenn man sie tatsächlich überwinden will.

Hat man es erst einmal geschafft, wird man sich denken: „Und davor hatte ich jetzt Angst?"

Wer seine Ängste überwinden will, sollte damit beginnen, die Ursachen für eben diese zu suchen. Allerdings wird dies meist schwer, denn Ursachen können tief verborgen liegen.

Die Prüfungsangst ist oftmals nicht die Angst vor

der Prüfung selbst, sondern eher eine Angst, was andere von einem denken mögen, wenn man tatsächlich versagt. Dies nennt man auch äußeren Druck.

Zusätzlich zu dem äußeren Druck verspürt man aber auch den inneren Druck, denn man will sich selbst und jene Menschen, die es gut mit einem meinen, nicht enttäuschen. Oftmals hat man an sich selbst auch zu hohe Erwartungen gestellt. Ebenso meint man zu wissen, was andere von einem erwarten. Aber, und das ist das Gute, was man leider selbst erst zu spät merkt: Die Erwartungen der engsten Vertrauten liegen meist gar nicht so hoch, wie man es sich vorstellt. Leider gibt es auch hier die Ausnahmen, welche die Regel bestätigen.

Wenn die Prüfungsangst schon einmal zugeschlagen hat, ist es gar nicht so leicht, den inneren Druck nicht wachsen zu lassen.

Du siehst, Prüfungsangst kann ein ewiger Teufelskreis sein.

Tipps gegen die Prüfungsangst
- Halte inne, Panik schieben hat noch niemanden vorwärts gebracht
- Lenke dich ab und lasse die Angst nicht gewinnen
- Führe verschiedene Atemübungen durch
- Führe verschiedene Entspannungsübungen durch

- Setze Prioritäten
- Organisiere dich
- Gehe mit dir selbst gut um
- Nimm der Angst die Macht
- Beginne rechtzeitig mit dem Lernen
- Teile den Lernstoff sinnvoll ein
- Überprüfe deinen Erfolg
- Plane Pausen ein
- Beachte deine Leistungsphasen
- Trainiere die Prüfungssituation
- Schlafe ausreichend
- Schreibe deine Ängste auf
- Wechsle die Perspektive
- Gib deinen Blackout zu
- Wackel mit den Zehen, das lenkt dich ab

Was kann ich mir für das nächste Mal mitnehmen, um nie wieder in diese Situation zu kommen?

Wenn du bereits herausgefunden hast, welche Ursachen deine Prüfungsangst hat, so kannst du wunderbar daran arbeiten, deine Prüfungsangst selbst zu bekämpfen. Im folgenden Text findest du sechs Tipps, welche dir dabei helfen können, die Prüfungsangst zu bekämpfen.

Überprüfe deine eigene Einstellung!

Vor der Prüfung ein wenig Angst zu haben, ist normal. Versuche herauszufinden, woher deine übersteigerte Angst kommt und ob diese gerechtfertigt ist.

Bleibe realistisch und überfordere dich nicht!

Wirf deinen Perfektionismus über Board, so sorgst du automatisch dafür, dass du dich entspannst. Das bedeutet nicht, dass du nicht an Erfolge denken sollst, sondern lediglich, dass du dich nicht überforderst. Verschaffe dir außerdem einen Überblick über das, was geprüft werden soll. So behältst du den Überblick über den Aufwand, den du zum Lernen betreiben musst. Überprüfe auch dein Wissen, um herauszufinden, wo eventuell noch Lücken bestehen.

Sorge für Entspannung!

Gerate nicht in Panik, wenn die Angst in dir aufsteigt. Hilfreich ist es, für einen Moment die Augen zuzumachen und tief durchzuatmen. Wenn du die Möglichkeit hast, vor der Prüfung einen Spaziergang zu machen, dann solltest du diese Chance ergreifen. So bekommst du den Kopf frei. Mit verschiedenen Atem- und Entspannungsübungen kannst du zudem Stress abbauen. Überkommt dich ein Panikgefühl, solltest du versuchen, einen Weg zu finden, welcher dir hilft, ruhig zu bleiben.

Denke positiv!

Vermeide Sätze wie „Ich kann gar nichts" oder „Wie soll ich das nur schaffen" bzw. „Das schaff ich sowieso nicht"! Diese sind fortan tabu, denn sie entsprechen nicht der Wahrheit, sondern sorgen nur für ein negatives Gefühl. Am Anfang wird es dir vielleicht noch schwerfallen, aber mit der Zeit wirst du merken, dass es dir guttut, wenn du dir immer wieder sagst: „Ich schaffe das".

Mach dir Mut!

Versuche es doch einmal mit den Sätzen: „Ich will es schaffen" und „Ich werde alles dafür tun" bzw. „Ich lasse mich nicht von der Angst unterkriegen". Du wirst merken, dass dir diese Sätze guttun und motivierend wirken. Dennoch solltest du hier vorsichtig sein, denn Sätze wie „Ich habe keine Angst" können dazu führen, dass du übers Ziel hinausschießt.

Bereite dich richtig vor!

Wenn du dich auf deine Prüfung vorbereitest, ist es wichtig, dass du das auch richtig tust. Hier mal etwas zu lesen, dort mal etwas zu markieren und vielleicht diese Stelle auswendig zu lernen, sind keine optimalen Vorbereitungen auf die Prüfung. Motiviere dich selbst und zeige Eigeninitiative beim Lernen. Ein Lernplan kann hierbei sehr nützlich sein.

Meldeangst: Eine Sache der Gewohnheit

Du hast Angst, dich zu melden. Aber wieso eigentlich? Was kann denn so Schlimmes passieren? Vielleicht ist deine Antwort nicht richtig oder vielleicht finden andere Schüler sie komisch. Dann ist das ebenso! Aber es ist nicht dein Problem.

Sei mutig! Auch in dir stecken gute Fähigkeiten! Auch du hast Potenzial! Lass dich von den Kommentaren anderer nicht beeinflussen. Wir alle leben nur ein einziges Mal und wir alle sind für unser eigenes Leben verantwortlich. Wenn du ein guter Schüler sein möchtest, dann zählt auch eine gute Mitarbeit dazu – ja, auch mündlich.

Du kannst ein Vorbild für andere sein, wenn du dich nicht mehr versteckst. Probiere es aus, aber nicht, weil du andere beeindrucken möchtest, sondern für dich! Wenn du über dich hinauswächst und deine

Ängste auch einmal zur Seite schiebst, wirst du merken, dass es dir guttut. Du sorgst für dich selbst, wenn du dich mit einem positiven Gefühl belohnst.

Angst davor, sich nicht zu melden, ist eine ganz doofe Angewohnheit, welche du allerdings ablegen kannst. Dies kannst du auch zu Hause mit deinen Eltern oder mit Freunden trainieren.

Angst zu haben, ist ein ganz normales Gefühl. Daher solltest du dich keinesfalls ärgern. Setze dich auch nicht unter Druck und lasse dir die Zeit, die du brauchst.

Sprich mit deinen Lehrern, wenn du glaubst, dass du die Angst nicht unter Kontrolle kriegen kannst. Manchmal helfen schon Gespräche, um etwas verändern zu können.

Alternativen für die sonstige Mitarbeit

Manchmal dauert es einige Zeit, ehe man seine Ängste überwinden kann. So ist es auch bei der Angst vor der mündlichen Mitarbeit. Um dennoch gute Noten in der Mitarbeit zu erzielen, solltest du dir daher Alternativen überlegen. Manchmal sammeln die Lehrer die Hefter ein, um zu schauen, ob die Schüler Ordnung in ihren Unterlagen halten. Hier hast du die Möglichkeit zu punkten, indem du stets die Tafelbilder übernimmst und auf ein ordentliches Schriftbild achtest.

Eine weitere Alternative kann sein, dass du dich freiwillig meldest, etwas an der Tafel zu skizzieren. Das eigenständige Melden mag dir vielleicht schwerfallen, aber sollte dich der Lehrer auffordern, auf eine Frage zu antworten, solltest du dies tun. Wenn du eine Antwort nicht weißt, kannst du das offen und ehrlich sagen.

Um deine mündliche Mitarbeit zu verbessern, kannst du dich zu Hause mit dem Thema für die nächste Stunde befassen. So hast du die Möglichkeit, dir genaue Fragen oder Antworten zu überlegen. Vielleicht hilft es dir auch, den Sitzplatz zu wechseln. Wenn es die Möglichkeit gibt, dass du vorne sitzt, so sprich mit dem Lehrer, ob eine neue Sitzordnung erstellt werden kann. Bevor du mit dem Lehrer sprichst, kannst du aber auch erst einmal mit den Schülern, welche bereits vorne sitzen, sprechen, ob sie dazu bereit wären, mit dir zu tauschen. Vielleicht fragst du dich gerade, warum du den Sitzplatz tauschen und ausgerechnet am Lehrertisch sitzen sollst. Dies hat den Hintergrund, dass du so nicht die ganze Klasse vor dir sehen musst, sondern eben nur den Lehrer. So kannst du deine Nervosität eingrenzen und hast die Chance, dich aktiv am Unterrichtsgeschehen und der mündlichen Mitarbeit zu beteiligen.

4.3 SELBSTREFLEXION

Was ist Reflexion?

Reflexion ist, wenn man das Geschehene noch einmal im Anschluss betrachtet und es auswertet. Selbstreflexion meint, dass man kritisch auf sein eigenes Handeln schaut und sich seine Defizite bewusst macht, seine Stärken betrachtet und auch nach Möglichkeiten sucht, um sich zu verbessern.

Warum ist es wichtig, dass man sich selbst reflektiert?

Vielleicht denkst du, dass es nicht notwendig ist, noch einmal kritisch auf das eigene Handeln zu schauen, da du deine Defizite bereits kennst. Und dennoch ist es wichtig, dass du dein Handeln noch einmal ganz genau betrachtest und reflektierst. So kannst du zukünftig anders handeln und gegebenenfalls direkt andere, hilfreiche Lösungswege finden. Aber nicht nur die Defizite werden durch Selbstreflexion besser erkannt, sondern auch die Stärken. Es ist immer wieder wichtig, dass man sich bewusst macht, was man bereits gut kann. Zudem kannst du deine Stärken so besser kennenlernen und diese bei späteren Handlungen gezielt einsetzen.

Welche Fragen stelle ich mir, um mich zu reflektieren?

1) Worin liegen meine Stärken?

2) Welche Schwächen habe ich?

3) Wofür kann ich dankbar sein?

4) Verspüre ich Unzufriedenheit und warum?

5) Was kann ich verbessern?

6) Welche Ziele habe ich und welche sind für mich wichtig?

7) Was kann im Leben noch auf mich zukommen?

8) Bereichere ich das Leben anderer? Wenn ja, wie?

9) Was tue ich, worauf ich eigentlich verzichten könnte?

10) Was würde ich anders machen, wenn ich eine zweite Chance bekommen würde?

11) Was hindert mich daran, erfolgreich zu sein?

12) Stehe ich mir selbst im Weg?

13) Was will ich verbessern?

14) Haben andere Menschen Einfluss auf mich und mein Handeln?

15) Wenn ich so weitermache wie bisher: Wie glücklich wäre ich dann nach fünf Jahren?

16) Schätze ich mich selbst genug?

Perfektion durch Reflexion

Menschen, welche die Fähigkeit besitzen, sich selbst kritisch zu reflektieren, sind klar im Vorteil. Sie denken nicht zu überzeugt von sich selbst und gleichzeitig laufen sie nicht Gefahr, sich selbst nur zu kritisieren.

Menschen, die sich selbst reflektieren können, kennen ihre Stärken und Schwächen ganz genau. Dies verschafft ihnen den Vorteil, sich stets weiterzuentwickeln und das Bestmögliche aus sich selbst herauszuholen.

Wie du die Selbstreflexion nutzen kannst, um das Bestmögliche aus dir herauszuholen

Wer sich selbst optimal reflektieren will, der sollte dies in aller Ruhe vornehmen. Es ist dabei wichtig, sich bereits im Vorfeld einige Fragen zu überlegen, die man sich während der Reflexion stellen möchte. Du kannst hierfür gerne die bereits erwähnten Fragen nutzen.

Um die nötige Ruhe zu gewährleisten, ist es notwendig, dass du dir dafür ein wenig Zeit im manchmal doch sehr stressigen Alltag freischaufelst.

Etwas zu überstürzen, war noch nie hilfreich. So ist es auch mit der Reflexion. Nimm dir Zeit und schaue in aller Ruhe auf dein Handeln zurück. Nur so kannst du gewiss sein, dass du deine Stärken und Schwächen erkennst und neue Lösungswege findest.

Routine und Regelmäßigkeit sind wichtig, auch bei der Reflexion. Wer sich selbst in regelmäßigen Abständen kritisch betrachtet, dem wird es immer leichter fallen. Aber nicht nur das, sondern auch die Möglichkeit, sich neu entwickeln zu können und an sich zu arbeiten.

Es ist wichtig, dass du nicht nur alltägliche Dinge reflektierst, sondern auch die Dinge, die eine Herausforderung darstellen. So hast du die Möglichkeit, auch Lösungen für schwierige Situationen zu finden. Sei dir aber bewusst, dass dies manchmal etwas länger dauern kann.

Wer sich selbst reflektieren kann, der bereitet sich optimal auf das spätere Berufsleben vor, welches nur so vor Herausforderungen strotzt. Der Erzieherberuf beispielsweise ist wohl ein Berufsfeld, bei dem man sich und sein Handeln ständig reflektieren sollte. Immerhin arbeitet man mit Menschen, denen man die bestmögliche Bildung möglich machen möchte.

Selbstreflexion bedeutet auch, dass man sich selbst besser kennenlernt.

Wenn du dich selbst reflektierst, geht es in erster Linie nur um eine Person: Richtig, um dich. Nimm deine Empfindungen ernst und verleugne sie nicht! Sie gehören zu dir und sie sind wichtig, um dazuzulernen.

Sei aber auch ehrlich mit dir selbst. Stehe zu deinen Fehlern und zu deinen Schwächen oder Ängsten. Wenn du das schaffst, hast du bereits die halbe Miete eingefahren. Es geht nicht darum, dass man sich selbst in das beste Licht rückt, sondern darum, dass man sich besser kennenlernt und einzuschätzen weiß.

Sei gnädig mit dir selbst und bestrafe dich nicht für Fehler, welche dir unterlaufen sind. Dies motiviert nicht, sondern blockiert. So verwehrst du dir selbst die Möglichkeit, die Dinge das nächste Mal anders anzugehen und etwas zu verbessern.

Vergleiche deine Wahrnehmung mit der von anderen. Manchmal gehen diese stark auseinander. Das Feedback anderer ist ebenso essenziell, wie sich selbst kritisch zu betrachten. Wichtig ist, dass du hier Menschen ins Boot holst, denen du vertraust und jene, welche dir wohlgesonnen sind.

Fazit

Wir lernen ein Leben lang und doch wird nie jemand von uns perfekt sein. Es wird immer wieder Dinge geben, die du nicht kannst, aber ein anderer schon.

Wichtig ist, dass du von Anfang an am Ball bleibst und dir die bestmögliche Bildung erkämpfst. Das hat viel mit harter Arbeit und Disziplin zu tun, aber auch mit Eigeninitiative und Mut.

Sei mutig und bilde dich, so wirst du im späteren Leben erfolgreich sein.

Wir sind geboren, um zu lernen, denn wir lernen niemals aus. Auch im Alter wird es Dinge geben, welche wir neu erlernen dürfen. Denke einmal an deine

Großeltern, die zum ersten Mal mit einem Smartphone in Berührung kommen. Wer weiß, was dich in 20 Jahren erwarten wird.

TIPPS FÜR ELTERN, UM IHRE KINDER ZU UNTERSTÜTZEN

Du bist bereits Mutter oder Vater und suchst nach hilfreichen Tipps, wie du dein Kind dabei unterstützen kannst zu lernen und das Bestmögliche aus sich herauszuholen? Dann bist du an dieser Stelle genau richtig.

- Sei Vorbild!
- Interessiere dich für dein Kind, dessen Interessen und dessen Bildung
- Unterstütze dein Kind, aber nimm ihm nicht die Arbeit ab
- Sei neugierig
- Fördere die Hobbys deines Kindes
- Sei motiviert
- Schaffe genügend Zeit und Raum, damit dein Kind lernen kann
- Sorge für Struktur im Alltag
- Sei geduldig

- Tadel nicht, sondern hilf deinem Kind, es das nächste Mal besser zu machen
- Schaffe ein gutes Klima zum Lernen
- Finde Anreize, damit dein Kind selbstständig lernen kann
- Setze Lob und Belohnung ein, aber richtig und nicht in Massen
- Lasse die Schule nicht das Hauptthema der Familie sein
- Stärke den Rücken deines Kindes
- Integriere Inhalte der schulischen Bildung im Alltag
- Zeige ihm, dass du dessen Leistungen wertschätzt

Herstellung und Verlag:
BoD – Books on Demand, Norderstedt
ISBN: 9783753473239

1. Auflage
Kontakt: Psiana eCom UG/ Berumer Str. 44/ 26844 Jemgum
Covergestaltung: Fenna Larsson
Coverfoto: depositphotos.com

FSC

www.fsc.org

MIX

Papier aus ver-
antwortungsvollen
Quellen
Paper from
responsible sources

FSC® C105338